VON SCHATZINSELN
UND WEISSEN WALEN

Peter Braun

VON SCHATZINSELN UND WEISSEN WALEN

Eine kleine literarische Weltreise

Illustrationen von
Jens Rassmus

Bloomsbury
Kinderbücher & Jugendbücher

Die Schreibweisen in diesem Buch entsprechen den Regeln der neuen Rechtschreibung. Zitate aus literarischen Werken sind in der jeweiligen Originalschreibung wiedergegeben.

© 2011 BV Berlin Verlag GmbH, Berlin
Bloomsbury Kinderbücher & Jugendbücher
Alle Rechte vorbehalten
Umschlagillustration: Jens Rassmus
Gesetzt aus der Stempel Garamond von psb, Berlin
Druck und Bindung: CPI – Clausen & Bosse, Leck
Printed in Germany
ISBN 978-3-8270-5426-5

www.berlinverlage.de

»Wenn all die alte Sagenwelt,
wie man sie mir vordem erzählt,
die klüg're Jugend unserer Zeit
noch so wie einstmals mich erfreut,
dann sei's, fangt an! –«

Robert Louis Stevenson

INHALT

VORWORT

Das Jahr 1872. »Die Welt ist groß«, sagt ein Gentleman eines Londoner Clubs. »Das war einmal«, ant-
wortet Phileas Fogg. Ein wenig verschroben, ein wenig eigen, Engländer, gleichfalls Gentleman durch
und durch – und leidenschaftlicher Spieler: Fogg
wettet, er werde in achtzig Tagen um die Welt reisen.
Gesetzt sind 20 000 Pfund, die Hälfte seines Vermö-
gens. Die zweite Hälfte stopft Fogg in eine Tasche,
geht zu den Droschken an der Straßenecke und
bricht auf. Eine Reise mit Hindernissen, denn die
»Bank of England« wurde ausgeraubt, und der über-
eifrige Ermittler Mister Fix glaubt, Fogg sei der Bankräuber und tarne seine Reise als Flucht. Er heftet sich
an seine Fersen. Kutschen, Schlitten, Züge, Dampfschiffe – eine wilde Hatz hebt an. Eine Schönheit
wird vom Scheiterhaufen gerettet, mit Indianern
wird gekämpft, Missgeschicke und Unglücke halten
Phileas Fogg auf. Dennoch schafft er gerade noch
rechtzeitig, Englands Boden wieder zu betreten – auf
dem er als Bankräuber verhaftet wird. Zwar erweist
sich seine Unschuld, aber die Zeit ist verstrichen.
Wette verloren? Nein. Er war ostwärts gereist, hatte
die Datumsgrenze überschritten und damit unwis-
sentlich einen Tag gewonnen. Bei den letzten Schlägen

der Glocke betritt er den Club. Die *Reise um die Erde in achtzig Tagen* ist geschafft, das Wagnis bestanden, und es ist nicht das einzige, das der Franzose Jules Verne beschrieb: Ob mit Michael Strogoff durch Russlands Weite in *Der Kurier des Zaren* oder mit Kapitän Nemos Unterseeboot »Nautilus« in *Zwanzigtausend Meilen unter dem Meer* – ein Griff, ein Buch, und das Abenteuer beginnt.

Schiffeverschlingende Riesenkraken, urzeitliche Echsen: umblättern genügt. Üble Schurken, gefährliche Liebschaften, verführerische Damen, harte Kerle, grauenvolle Ungeheuer: alle nur eine Seite weit weg. Eine Schatzinsel erobern, dem Ritter von der traurigen Gestalt begegnen: nichts ist leichter. Lesen heißt das Zauberwort. Ein Wimpernschlag, und die Reise kann beginnen. Doch wohin? In die Zukunft? In die Vergangenheit? In ein fernes Land? Auf eine einsame Insel? Mit dem Schiff über das Meer? Ganz nach Belieben, lautet die Antwort. Lesen ist Urlaub vom Alltag, jederzeit und überall. Wohin die Reise geht, bestimmt daher allein der eigene Geschmack, was in den Bücherkoffer kommt, entscheidet die eigene Vorliebe.

Mehr und immer mehr Bücher fluten jeden Tag in die Regale und überspülen die großen Werke der Weltliteratur. Doch diese »Klassiker« wurden groß, weil sie gut sind. Und weil sie gut sind, nein, weil sie sehr gut sind, ist dieses Buch ein erster Schritt zu diesen Geschichten. Doch beileibe nicht zu allen, denn auch ihrer sind viel zu viel, um sie in einen schmalen

Band zu quetschen. Dazu kommt: Für die Unzahl guter Bücher aus aller Welt gibt es keinen Leitfaden, der ihre Auswahl erleichtert. Gute Geschichten finden sich in der Weltliteratur zuhauf. Eine Geschichte der Weltliteratur dagegen gibt es nicht, die nützlich wäre, um sich an ihr entlangzuhangeln. Zu unterschiedlich die einzelnen Länder, ihre Gesellschaften, ihre Geschichte.

Das ist bedauerlich, aber nicht wirklich schlimm, denn der wahre Reisende weiß: Reisen heißt nicht von A über B nach C hetzen, sondern sich treiben lassen, stehen bleiben, abschweifen, neugierig eine Spur aufnehmen, um zu sehen, wohin sie führt, auswählen und dafür an anderem vorbeigehen, um eines Tages vielleicht wiederzukommen. Doch wie für jede Reise schadet Vorwissen auch bei einer Reise zu den Büchern nicht. Ein Reiseführer ist hilfreich, der erste Eindrücke gibt. In ihm blättern, in ihm lesen, dann selbst entscheiden, was besucht wird. Dieses Buch ist ein Reiseführer. Das Reisen selbst ersetzt er nicht. Und aufgemerkt: Weit besser als alle Reiseführer miteinander ist Leute fragen. Wo wart ihr? Was ist empfehlenswert, was nicht? Geheimtipps stehen nicht im Führer, nicht in Lehrplänen, nicht in Bücherlisten, nicht in Literaturgeschichten.

Was wann wo von wem geschrieben wurde – gut zu wissen. Das allein aber ist langweilig. In einem halbwegs tauglichen Führer steht mehr. Herman Melville beschrieb in *Moby Dick* einen weißen Wal, der Fangboote angreift und zerstört. Doch wer weiß schon, dass die Geschichte tatsächlich auf einen Wal zurückgeht, der ein Walfangboot versenkte? Dass deren Besatzung nur überlebte, weil sie in den entsetzlichen Wochen danach Männer aus den eigenen Reihen tötete, um in den Rettungsbooten Menschenfleisch zu essen? Und dass Melville selbst Walfänger war und einst Kannibalen knapp entkam? Hans Christian Andersen: Seine *Märchen* sind weltberühmt, doch ist bekannt, dass er auf Reisen immer ein Seil in seinen Koffer legte, weil er Angst vor Hausbränden hatte? Oder Miguel de Cervantes Saavedra. Er erdachte seinen *Don Quijote* als Gefangener im Kerker.

Und so ist oft und oft nicht zu unterscheiden: Was ist spannender? Die Bücher? Die Geschichten hinter den Büchern? Das Leben derer, die sie schrieben? Doch wozu überhaupt unterscheiden, denn alles zusammen erst macht die Leseverlockung aus, damit eben nicht gilt, was Ernest Hemingway frei nach Oscar Wilde dereinst sagte: »Ein klassisches Werk ist ein Buch, das die Menschen loben, aber nie lesen.« Und so sei's. Fangt an!

TAUCHT EIN GENIE AUF, VERBRÜDERN SICH DIE DUMMKÖPFE
Daniel Defoe und Jonathan Swift

Großbritannien, London, 1703. »Der höllische Lärm, das Brüllen, Fluchen und Schreien, der Gestank und der Schmutz und all das Furchtbare, das ich täglich sah, ließen mir den Ort wie ein Sinnbild der Hölle erscheinen.« Das sagt die Hure Moll Flanders, und der Ort ist das Gefangenenlager im berüchtigten Gefängnis Newgate, in dem auch ihr Schöpfer Daniel Defoe einsaß, dessen deftige Geschichte *Glück und Unglück der berühmten Moll Flanders* den Höllenort beschreibt.

Defoe war für eine Schmähschrift in Haft genommen worden. Der über den Gefängnishof fließenden Kloake, den Mördern, den Dieben, die unter freiem Himmel lagernd auf den Galgen warteten, war er nur entkommen, weil ein ordentlicher Batzen Geld die Aufseher schmierte. Er bekam eine Einzelzelle mit dicht verrammelten Fenstern. Zuvor mit Steckbrief gesucht, war sein Unterschlupf für das auf ihn ausgesetzte Kopfgeld verraten worden. Die Anklage lautete auf Verleumdung und Volksverhetzung. Für eine mildere Strafe erklärte er sich zwar für schuldig, das Urteil aber fiel dennoch hart aus: weitere Haft in Newgate, hohe Geldstrafe. Das Übelste jedoch: an drei Tagen eine Stunde auf wechselnden Londoner Plätzen am Pranger stehen. Eine Demütigung für einen ehemaligen Berater des Königs. Für Monate musste er einsitzen. Seine Zelle: eine einsame Insel fern der Welt.

Daniel Foe, der sich später Defoe nannte – ein abenteuerliches Leben in Stichworten: geboren 1660, zwölf Jahre nach Ende des Dreißigjährigen Krieges, der Mitteleuropa mit seinem Abschlachten, dem Hunger, den Hexenverfolgungen fest im Griff gehabt hatte. Rembrandt malte in den Niederlanden, in Deutschland standen statt Männer erstmals Schauspielerinnen in Frauenrollen auf der Bühne, in England wurde die nützliche Heilkraft des Fiebers entdeckt und das Wasserklosett eingeführt, als der Sohn eines Wachsziehers und Talglichthändlers zur Welt kam. Fünf Jahre nach seiner Geburt, 1665, wütete die Pest in London. Hunderttausend starben. Im Jahr darauf der große Brand, der fast die gesamte Stadt vernichtete. In einer Bäckerei war das Feuer ausgebrochen, das drei Tage tobte. Die Foes gehörten zu den »Dissenters«, den Abweichlern. Sie erkannten die Kirche von England nicht an, deren Haupt der König war. Ämter waren ihnen daher verboten, die Hochschulen verwehrt. Sie wurden argwöhnisch beäugt, trafen sich im Verborgenen.

Daniel Defoe wurde in die Predigerausbildung der Dissenters gesteckt, die hervorragend war. Bislang nicht gekannte Fächer wie Erdkunde, Geschichte, Physik wurden auf Englisch, nicht auf Latein gelehrt. Er aber brach ab. Vermutet wird, er sei nach Italien gereist, habe in Frankreich das entstehende Schloss Versailles des Sonnenkönigs Ludwig XIV. besucht, habe dann das Land wegen eines bei Todesstrafe verbotenen Duells überstürzt verlassen. Auf einer Seereise sei er von Piraten ausgeraubt worden. Sicher ist, in England wurde er Kaufmann, handelte mit Wein, Schnaps, Tabak und Strumpfhosen. Es war die Zeit der auch von Männern getragenen hohen Perücken, der Schnallenschuhe, der Kniehosen und engen Strümpfe. Defoe lebte mit Stadthaus, Landhaus und Kutsche auf großem Fuß. Seine halsbrecherischen Geschäfte aber setzte er in den Sand. Das Handelsschiff »Desire«, an dem er beteiligt war, ging auf See verloren, eine von ihm gegründete Schiffsversicherung brachte erhebliche Verluste, die teure Entwicklung einer Taucherglocke zur Bergung gesunkener Schätze war ein Fehlschlag, genauso wie der waghalsige Erwerb von überaus teuren Zibetkatzen, deren Duftstoff Zibet für die Parfumherstellung benutzt wurde. Am Ende stand er mit ungeheuren 17 000 Pfund in der Kreide. Ein Handwerker verdiente rund 38 Pfund im Jahr.

Defoe floh vor seinen Gläubigern, versteckte sich. Doch seine Schulden zahlte er Schritt für Schritt zurück, kaufte eine gewinnbringende Ziegelbrennerei und lernte den König kennen, dessen Vertrauen er erwarb. Er wurde sein Berater, verfasste Streitschriften für ihn, um die öffentliche Meinung zu beeinflussen. Eine galt seinen Glaubensbrüdern. Titel: *Kurzen Prozeß mit den Dissenters!* Inhalt: Wer sich nicht zur Kirche von England bekennt, wird ausgerottet. Als Stichelei gedacht, um Glaubensfragen zu beleuchten, ging der Schuss für ihn nach hinten los. Entrüstung überall, besonders in den eigenen Reihen. Seine Schrift wurde auf Scheiterhaufen verbrannt und der Steckbrief auf seinen Namen ausgestellt, der ihn in das Gefängnis Newgate brachte. Nach seiner Verurteilung wurde ihm Strafmilderung in Aussicht gestellt, sofern er Dissenters, die gegen die Krone hetzten, verrate. Defoe schwieg beharrlich.

Fünf Monate saß er ab. Nach seiner Entlassung wurde er Spion. Nach dem Vorbild des französischen Kardinals Richelieu, der in Frankreich ein umfassendes Spionagenetz aufgebaut hatte, bot Defoe an, dies auch für England zu erschaffen, vor allem, um das noch unabhängige Schottland auszuspähen. Nach über einem Jahr war sein Netz von Agenten geflochten, und was sie an Geheimnissen lieferten, wurde entscheidend für die Vereinigung Englands mit Schottland. Defoe hatte wieder Oberwasser. Er gründete eine Zeitschrift, die er neun Jahre dreimal die Woche nahezu allein schrieb und für die er damalig Erstaunliches nutzte. Er führte Leserbriefe ein, Werbeanzeigen und Klatschspalten. Defoe war fortschrittlich. Er schlug eine Krankenkasse vor, eine Altersrentenkasse und, seinerzeit beinahe unanständig, Bildungseinrichtungen für Frauen. Er befasste sich mit einer Flugmaschine zum Mond und mit »Denkmaschinen«.

Die Herrschenden nahm er immer wieder aufs Korn: »Alles ist bloße Komödie, leere Fassade und erbärmliche Heuchelei, bei jeder Partei, in jedem Zeitalter, unter jeder Regierung und bei jedem Regierungswechsel; Heuchelei der Opposition, um in die Regierung zu kommen, und Heuchelei der Regierung, um ihren eigenen Sturz zu verhindern.« Damit machte er sich noch mehr Feinde, musste mehrmals ins Gefängnis und entkam ebenso oft einer Verhaftung. Einmal floh er durch eine Falltür in seinem Haus. Noch immer hatte er hohe Schulden, doch er baute sie weiter ab, und das Schreiben trug dazu bei, doch sein Übermut brachte ihn abermals zu Fall. Noch einmal mühte er sich als Kaufmann, noch einmal versenkte er Unsummen. Er borgte, konnte aber das Geliehene diesmal nicht mehr zurückzahlen.

Gegen Ende seines Lebens war er daher abermals auf der Flucht vor seinen Gläubigern und lebte nur mehr im Verborgenen. 24. April 1731: sein Todestag. Er starb an einem Schlaganfall. Hinterlassen hatte er wenig, doch eines blieb von ihm. Ein Buch, das Defoe erst mit beinahe sechzig Jahren begonnen hatte: *Das Leben und die Abenteuer des Robinson Crusoe, eines Seemanns aus York, der achtundzwanzig Jahre lang ganz allein auf einer unbewohnten Insel vor der Küste von Amerika lebte, nahe der Mündung des großen Orinoko-Stromes, wohin er durch einen Schiffbruch verschlagen worden war, bei dem alle Mann außer ihm umkamen. Mit einem Bericht, wie er zuletzt auf ebenso merkwürdige Weise durch Piraten befreit wurde. Von ihm selbst beschrieben.*

Robinson Crusoe, der nach seinem Schiffbruch lernt, Getreide anzubauen, zu backen, zu jagen, zu schreinern, zu schneidern, der eine Höhle ausmeißelt, eine Hütte errichtet – ist keine bloße Erfindung. Er hat Vorbilder. Etwa den Matrosen Alexander Selkirk, der über vier Jahre auf einer Insel hauste, auf der ihn der Freibeuter William Dampier ausgesetzt hatte. Defoe soll Selkirk nach dessen Rückkehr in einer Kneipe getroffen haben. *Robinson Crusoe* jedenfalls erschien 1719, und schon bald schossen überall so viele Nachahmer wie Pilze aus dem Boden, dass die Geschichte einen neuen Zweig von Abenteuerromanen begründete: die Robinsonade.

Seit Anbeginn wurde von Helden, Kriegern, Jägern erzählt. Im alten Griechenland berichtete Homer in der *Ilias* vom Krieg um Troja und in der

Odyssee von der Irrfahrt des Odysseus, im Mittel-alter bestanden Artus und die Ritter der Tafelrunde ihre Abenteuer, mit Defoe aber richtete sich der Blick über die See, hin zu den noch geheimnisvollen fernen Ländern der Neuen Welt mit ihren grünen Inseln unter einer warmen Sonne. Seltsame Tiere, Früchte im Überfluss, klares Wasser, saftige Erde – Robinsons menschenleere Insel wurde zum Sehn-suchtsland der kriegs-, armuts- und seuchengebeu-telten Alten Welt. Schiffbruch und Ankunft, der Überlebenswille, die Findigkeit, die Geschicklichkeit Robinsons, die einsam friedlichen Jahre, die an einem Freitag enden, als Kannibalen mit ihren Kanus auf Robinsons Insel landen, um einen verschleppten Ein-geborenen zu schlachten. Robinson rettet ihn und nennt ihn Freitag, um dieses Tages zu gedenken.

Für viele ist *Robinson Crusoe* ein »Jugendbuch«. Das liegt daran, dass auch dieses Buch, wie viele große Geschichten der Welt, etwa Melvilles *Moby Dick* oder Jack Londons *Ruf der Wildnis*, in späteren Ausgaben zusammengestrichen, verstümmelt, gekürzt wurde. Gekürzt? Bloß nicht! Finger weg von solchen Bü-chern! Denn wie sagte Oscar Wilde: »So etwas wie moralische oder unmoralische Bücher gibt es nicht. Bücher sind gut oder schlecht geschrieben. Weiter nichts.« Schöngefärbte »Jugendbücher« gehören nicht ins Regal, denn Geschichten wie *Robinson Crusoe* sind immer auch Zeugnisse der Zeit, in der sie ent-stehen. Beispiel: Robinson und Freitag. Der tapfere Robinson entreißt den Menschenfressern das arme

Opfer, das ihm fortan ein anhänglich treuer Gefährte ist. Nicht so bei Defoe. Freitag ist nicht Robinsons Freund. Freitag ist Robinsons Sklave. Das erste Wort, das Robinson ihn lehrt, ist »Meister«. Wer das streicht, der heuchelt. Lesen heißt Lernen, ganz besonders auch aus dem Unangenehmen.

Sklaverei ist in Defoes Tagen eine Selbstverständlichkeit für die waffenüberlegenen weißen Herren. In gnadenlosen Menschenjagden brannten die Sklavenhändler afrikanische Dörfer nieder, fingen Frauen, Kinder, Männer ein, um sie zusammengepfercht in den Handelsschiffen zu den Sklavenmärkten zu bringen. Sklavenhandel machte wohlhabend. Auch Robinson Crusoe versuchte vor seinem Schiffbruch in den Handel einzusteigen. An Afrikas Küste aber geriet er selbst in Sklaverei. Die Flucht mit einem eingeborenen Sklaven gelang ihm nur, weil der ihm half. Doch kaum in Freiheit, verkauft ihn Robinson völlig bedenkenlos, um an Geld zu kommen. Ein schlechtes Gewissen hat er nicht. Erst weit über hundert Jahre nach *Robinson Crusoe* wird Harriet Beecher-Stowes Buch *Onkel Toms Hütte* 1852 das Elend der »Negersklaven« so eindringlich aufrüttelnd schildern, dass der amerikanische Nordstaatenpräsident Abraham Lincoln im Krieg gegen die sklavenhaltenden Südstaaten Beecher-Stowe angeblich mit den Worten empfing: »Das ist also die kleine Dame, die diesen großen Krieg begonnen hat.«

Bücher wie *Onkel Toms Hütte* sind wirkmächtig, und so auch Defoes *Robinson Crusoe*, der selbst Alltagsfloskeln prägte, deren Ursprung vergessen wurde: die Einsamkeit, die Abgeschiedenheit, der Friede seines Eilands, die Sonnenuntergänge, das wuchernde Grün – Müde, Gehetzte, Ausgelaugte, Erschöpfte fühlen sich nach wie vor »reif für die Insel«. Doch aufgemerkt: Nicht jeder findet Einsamkeit, der auf einer Insel landet.

Siehe: *Gullivers Reisen*. Zwei Bücher – ein Schicksal. Daniel Defoes *Robinson Crusoe* wurde zum Jugendbuch geschrumpft – dasselbe geschah mit Jonathan Swifts *Gullivers Reisen*. 1726, wenige Jahre nach Defoes Buch erschienen, sind jedoch auch Gullivers Abenteuer alles andere als harmlos, denn Jonathan Swift gelang die Spottgeschichte schlechthin auf die Unzulänglichkeit des Menschen. Seine angebliche Tugend und sein Hochmut werden schonungslos angeklagt, seine Dummheit vorgeführt, bis sich die Krone der Schöpfung zuletzt als Abschaum zeigt. Durchtrieben, derb, scharfzüngig – Swift dreht allem und jedem eine Nase. *Gullivers Reisen* ist nicht nett. Von Swifts Feder tropft der Aberwitz.

Zwei Figuren – ein Schicksal. Robinson erleidet Schiffbruch, Gulliver erleidet Schiffbruch. Beide werden an einen Strand gespült. Gullivers Insel aber ist nicht unbewohnt. Der erschöpft Schlafende erwacht von Schnüren gefesselt. Winzlinge krabbeln auf ihm herum. Lemuel Gulliver ist auf Liliput gestrandet. Der »Menschenberg«, wie ihn die Zwerge nennen, ist Gefangener der Liliputaner. Und schon beginnt die Satire. Swift: »Satire ist ein Spiegel, in dem der Betrachter alle anderen Gesichter erkennt, nur nicht das eigene.« Woher das Wort »Satire« übrigens stammt, ist unklar. Die einen sagen von lateinisch *satura lanx*, »bunte Schüssel« oder »buntes Allerlei«, die anderen von den Satyrspielen der alten Griechen, heitere, befreiende Nachspiele auf der Theaterbühne, die im Anschluss an gemütserschütternde Tragödien gegeben wurden und nach den »Satyrn« benannt sind, bocksbeinige, oft gehörnte Walddämonen, halb Mensch, halb Tier. Ob in Hans Christian Andersens *Des Kaisers neue Kleider*, in E. T. A. Hoffmanns *Klein Zaches, genannt Zinnober* oder eben bei Swift, mit Hilfe der Satire entlarven Schriftsteller seit alters her durch Seitenhiebe, Übertreibung und Zuspitzung menschlichen Irrsinn, der auch in Liliput herrscht.

Die Zwerge bringen Gulliver in ihre Stadt. Sie ketten ihn an. Erst als er schwört, den Liliputanern im Krieg beizustehen, wird er freigelassen. Ihm wird erklärt, Liliput werde von zwei Übeln heimgesucht. Im Innern ist die Bürgerschaft des Zwergenstaats gespalten. Die »Tramecksan« tragen hohe Schuhabsätze, die »Slamecksan« niedrige. Der Kaiser aber hat verfügt, nur die niedrigen Absätze in den Ämtern der Krone zu beschäftigen. Seitdem bekämpfen sich Tramecksan und Slamecksan erbittert.

Im Äußeren drohen die Bewohner der Nachbarinsel Blefuscu mit einem Angriff. Der Grund: ein Glaubenskrieg. Des Kaisers Großvater hatte sich als Kind beim Öffnen eines Eies am breiten Ende geschnitten. Kaiser geworden, befahl er daher seinen Untertanen, Eier am spitzen Ende aufzuschlagen. Das führte zu grausam niedergeschlagenen Unruhen, denn die »Dick-Ender« waren nicht gewillt, ihre Gewohnheit aufzugeben, das Ei am breiten Ende zu öffnen. Die geschlagenen »Dick-Ender« flüchteten deshalb auf die Nachbarinsel. Deren Herrscher, der sich Liliput einverleiben will, nutzt die Verwirrung aus. Er wirft Liliputs Kaiser vor, den Glauben zu verraten, hatte der große Prophet Lustrog doch einst festgelegt: »Wahrlich, es brechen die Gläubigen ihre Eier am geeigneten Ende.« Hunderte Bücher wurden seitdem über den Streit geschrieben. Die unsinnigen Religionsstreitigkeiten der Welt lassen grüßen. Gulliver hält Wort. Er watet nach Blefuscu und schleppt deren Schiffe nach Liliput. Ohne Kriegsflotte ergibt sich Blefuscu. Friede wird geschlossen. Nicht die einzige gute Tat Gullivers. Als die Gemächer der Kaiserin in Flammen stehen, löscht Gulliver den Brand. Er pinkelt das Feuer einfach aus. Sein Lohn: Die angeekelte Kaiserin sinnt auf Rache, und Gullivers Neider setzen eine Anklage auf Hochverrat durch, weil er sich weigerte, Blefuscu sinnlos zu zerstören und die »Dick-Ender« niederzumachen. Auf öffentliches Wasserlassen stehe die Todesstrafe sowieso.

Für seine Verdienste jedoch wird er begnadigt. Gulliver soll lediglich geblendet werden, um ihn danach langsam verhungern zu lassen. Sein haushohes Skelett aber werde der Nachwelt als Sehenswürdigkeit erhalten. »Seine Majestät hegt keinerlei Zweifel, dass Ihr Euch diesem Akt demütig und dankbar unterwerfen werdet, zumal zwanzig Chirurgen zugegen sein und die fachmännische Durchführung der Operation durch Beschuss Eurer Augäpfel mit besonders scharfen und spitzen Pfeilen überwachen werden, während Ihr auf der Erde liegt.« Zu viel der Milde für Gulliver. Er flieht.

Doch kaum besser für ihn ist Brobdingnag, das Land der Riesen, in das er auf seiner zweiten Reise gelangt. Dort ist er der Zwerg. Auf dem Markt muss »der Zwerg der Zwerge« den Riesen Kunststücke vorführen, wird dann aber bei Hofe der Königin vorgestellt, die ihn kauft. Dem König erklärt er Englands Gebräuche. Gulliver lobt sein Land, spricht von den Gerichtshöfen, den Gesetzen, den Strafen, beschreibt dessen Bildung, Wissenschaft und Geschichte. Der Riesenkönig hört aufmerksam zu, stellt weise Fragen, und je mehr er nachfragt, desto deutlicher wird: »Aus den Antworten, die ich dir abgerungen habe, kann ich nur schließen, dass die große Masse deines Volkes aus dem widerwärtigsten Gewürm besteht, dem die Natur je erlaubte, auf der Oberfläche dieser Erde herumzukriechen.« Der König stutzt die »Überlegenheit« der Engländer, der »Herren der Meere«, zurecht, denn deren Triebfedern sind bloß Hass, Habgier, Herrschsucht, Bosheit, Ehrgeiz und verbohrte Dummheit. Vernunft? Verstand? Nicht vorhanden. Für den heimatstolzen Gulliver ein erster herber Schlag.

Und weitere folgen sogleich: Die fliegende Insel

Laputa, die Stadt Lagado, die Insel Glubbdubdrib, die Insel Luggnagg, die unsterblichen Struldbrugs – seine weiteren Reisen erschüttern Gullivers Menschensicht immer mehr, bis er im Land der Houyhnhnms gänzlich ernüchtert wird. Die Herrscher des Landes, die wiehernd sprechenden Houyhnhnms, sind Pferde. Die Yahoos dagegen, die Menschen, gleichen eher Tieren. Unverbesserlich grobschlächtig, verzottelt, ungewaschen, von ihren Trieben beherrscht, geistlos, ungehobelt, wild. Die Pferde hingegen gütig, edel, gelehrt, freundlich, tugendvoll. Sie sind nicht auf Reichtum aus, nicht auf Macht, nicht auf Laster. Die Tiere sind die besseren Menschen. Auch ihnen erklärt Gulliver das Leben in seiner Heimatwelt, und das, was sich Menschen durch Glaubensstreitereien und Weltanschauungsnichtigkeiten zufügen. Anfangs wehrt sich Gulliver gegen die Erkenntnis, dann aber muss er zugeben: Er ist selbst ein Yahoo, und weil er ein landesfremder Yahoo ist, wird er verbannt. Nur widerwillig kehrt er heim. Er ekelt sich fortan vor den Menschen zu Hause, lieber verbringt er seine Tage zurückgezogen bei seinen Pferden. Seine Einsicht ganz zuletzt: Die »Yahoos« sind nicht zu bessern. In Jonathan Swifts Worten: »Grundsätzlich hasse und verabscheue ich das Tier namens Mensch.« Und Gullivers Erkenntnis war auch Swifts Erkenntnis am Ende seines Lebens.

Swifts Leben, geboren 1667 in Irland, gestorben 1745, ist rätselhaft. Briefe schrieb er oft verschlüsselt, und was er von sich preisgab, ist mit Vorsicht zu betrachten. Zu sehr tarnte er sich mit seinem Wortwitz. Über sich selbst schrieb Swift oft nur als »er«. Einige Schlaglichter wenigstens stehen fest. Swift bedauerte, Ire zu sein. Er sah sich stattdessen als Engländer, reiste auf die Insel, sooft das ging. Von aufbrausend stolzem Wesen, wurden ihm in zwei Jahren Hochschule erhebliche Strafen aufgebrummt. Die meisten für Herumtreiberei und Schwänzen des Gottesdienstes. Einmal musste er öffentlich niederknien und um Verzeihung bitten. Er verachtete allzu gelehrtes Schulwissen. »Brauch ich nicht; ich kann es auch ohnedem.« Seinen Abschluss bekam er nur *speciali gratia*, durch besondere Gnade. Mädchen kümmerten ihn nicht. Er erhielt eine Schreiberstelle, zählte zu den Bediensteten, aß am Gesindetisch. Er sah dem Volk aufs Maul, reiste gern, plauderte unterwegs mit Kutschern oder Stallknechten, doch er gab Acht, »nicht im selben Bett schlafen zu müssen mit den Rüpeln, mit denen er sich unterhielt.« Mehrere in einem Bett war auf Reisen billiger. Sich zu waschen war noch selten. Swift hingegen hielt auf Reinlichkeit. Zum Erstaunen seiner Mitbürger wusch er sich die Füße.

Eine Pfarrstelle wurde ihm zugeschanzt. In der Nähe lebte Jane Waring. Er machte ihr einen Antrag, sie aber hielt ihn hin, wartete auf eine bessere Partie, die nicht kam. Als sie zusagte, lehnte er verbittert ab. Zwei weiteren Frauen wird er begegnen. Beiden wird er zugetan sein, sie aber nicht mehr als nötig an sich binden. Die erste, Esther Johnson, galt hinter vorgehaltener Hand als Dame des Hauses. Eine forsche Dame. Zwei Räuber, die bei ihr einbrachen, schlug sie in die Flucht. Sie zog sich einen Schleier übers Gesicht, um als Mann durchzugehen, griff sich eine Pistole, erschoss den einen, der andere entkam ihr. Die zweite, Hester Vanhomrigh, lebte über Jahre in ihrer Nähe, und Swift achtete sehr darauf, dass sie sich nicht trafen. Beide begegneten sich nie.

So zurückhaltend er bei den beiden Frauen war, so wenig vorsichtig war er im Schreiben. Seinen Namen als Schriftsteller verdankte Swift seinem beißenden Spott. Einer seiner Vorschläge: Irrsinnige auf deren sicher vorzügliche Eignung zum Staatsdienst zu prüfen. Ein anderer: Irlands Not und Elend damit zu beseitigen, die vielen irischen Kinder, die ja eh an der Armut sterben, gewinnbringend zu verhökern: »Von einem sachverständigen Amerikaner meiner Bekanntschaft in London ist mir versichert worden, dass ein junges, gesundes, gut genährtes Kind im Alter von einem Jahr eine äußerst wohlschmeckende, nahrhafte und bekömmliche Speise ist, gleichviel, ob geschmort, gebraten, gebacken oder gekocht, und ich zweifle nicht, dass es in gleicherweise zu Frikassee oder Ragout taugt.«

Swifts gefürchtete Streitschriften verkauften sich großartig. Oft gab er sie heraus, ohne sich als Verfasser zu nennen. Aber wie bereits Defoe wurde auch er bekämpft. Der Grund nach Swift: »Taucht ein Genie auf, verbrüdern sich die Dummköpfe.« Im Kirchendienst stieg er dennoch auf, das angestrebte

Bischofsamt blieb ihm aber verwehrt, denn Swift selbst war nicht einfach. Schwindel, Fieber, Ausschlag, taube Ohren machten ihn mürrisch. Seine Diener hatten nichts zu lachen. Zu ihnen war er barsch, grob, unerträglich. Für Trunkenheit und Versäumnisse erhob er ein Bußgeld von ihnen. Swift war geizig, gab aber ein Gutteil seiner Einkünfte trotzdem als Almosen, Irland war ihm verhasst, und doch half er irischen Schmugglern, um Englands Handel zu schaden. Um die englische Unterdrückung zu brandmarken, umwickelte er die Glocken seiner Kirche und hisste eine schwarze Fahne. Swift war leicht zu reizen, denn seine Krankheiten setzten ihm zu. Um halbwegs gesund zu bleiben, marschierte er täglich, und bei schlechtem Wetter stieg er stundenlang die Treppen seines Hauses auf und ab. Im Alter wurde Swift endgültig sonderlich, seine Ruhelosigkeit nahm zu. Ganze Tage ging er in seinem Zimmer auf und ab, und noch vor seinem Ende wurde der unbequeme Swift für geisteskrank erklärt.

»Das Hauptziel, das ich mir bei all meinen Arbeiten stecke, ist eher, die Welt zu ärgern, als zu unterhalten.« Und Swifts Klarsichtigkeit hat viele geärgert, insbesondere durch *Gullivers Reisen*. Dennoch ist seine Einsicht, die er Gulliver in den Mund legte, unverrückbar richtig: Der Mensch ist nicht zu bessern. Auch das ein Grund für die Altersbitterkeit des Jonathan Swift, denn Jahrtausende des Fortschritts, der Entwicklung, der Erziehung haben nichts bewirkt. Die Grenze zwischen Mensch und Bestie ist ein schmaler Grat. Ein Fingerschnippen genügt, und die Menschen werden zu ungebändigten Tieren, zurückgeschleudert in die Urzeit von Keule und Höhle, von geisterhaften Ungeheuern und erbarmungsloser Jagd.

ICH HABE EIN BÖSARTIGES BUCH GESCHRIEBEN

Herman Melville

Die Geschichte einer Jagd: Spätherbst 1820, 0 Grad, 41 Minuten Süd, 118 Grad West, Stiller Ozean, 2000 Seemeilen vor der Küste Südamerikas, der Walfänger »Essex«, Heimathafen Nantucket in Nordamerika, einundzwanzig Mann Besatzung. Drei Fangboote sind ausgebracht, eine Walherde zu stellen. Ein Boot wird von einem der Wale angegriffen. George Pollard, der Kapitän der »Essex«, befiehlt den Fangmannschaften, abzubrechen. Sie rudern zurück, als ein riesiger Pottwal die »Essex« rammt, dann taucht er unter dem Schiff durch, wendet und greift erneut an, um seine Herde zu schützen. Planken bersten, Wasser dringt ein. Das Schiff ist verloren.

Sie beladen die drei leichten Fangboote mit Wasser und Schiffszwieback, um sich zur Küste durchzuschlagen. Nach Wochen der Irrfahrt erreichen sie eine der unwirtlichen Pitcairninseln im Südpazifik. Sie finden nur spärlich Frischwasser und müssen weiter, um nicht zu verdursten. Kurs Ost. Sie verlieren das Boot unter Obermaat Owen Chase aus dem Blick, auf dem bald die Ersten sterben. Um nicht zu verhungern, essen sie die Toten. Chase, der Steuermann Lawrence und Nickerson, der Schiffsjunge, werden erst nach über vier weiteren Wochen auf See gerettet. Dasselbe auf Kapitän Pollards Boot. Anfangs losen sie einen aus, der erschossen wird, dann essen sie, wen Erschöpfung, Hunger, Durst töten. Pollard und der Seemann Ramsdell überleben. Das dritte Boot verschluckt die Weite der See. Noch im Jahr ihrer Rückkehr gießt Obermaat Owen Chase seine Erinnerungen in das Buch *Der Untergang der Essex*.

Die »Essex« war nicht das einzige Schiff, das von einem angriffslustigen Pottwal versenkt wurde. Die Walfänger nannten sie nach ihren Tauchgründen: »Timor Jack«, »New Zealand Tom« oder »Mocha Dick«, der an seiner hellgrauen Haut und einer weißen Narbe quer über dem gewaltigen Schädel leicht zu erkennen war. Ein Pottwal, der über Jahrzehnte immer wieder Walfänger angriff. Ein einziger Schlag mit seiner riesigen Schwanzflosse, und die schnittigen Fangboote waren zertrümmert. Walfang war gefährlich, aber gewinnträchtig, denn der aus dem Speck der Wale gekochte Tran schmierte die Räder der Kutschen und Maschinen und brannte in den Ölfunzeln der Welt. Drei, vier, fünf Jahre auf See, um die Tranfässer zu füllen: für die Seeleute eine üble Quälerei, meist unter gnadenlosen Kapitänen. Wer nicht spurte, wurde ausgepeitscht.

War ein Wal erlegt, begann die Drecksarbeit. Er wurde zum Schiff geschleppt, an der Bordwand vertäut, dann rasch zerlegt. Seeleute kletterten auf ihn, zogen die Haut ab und schnitten die Schwarte zurecht, die mit Speckhaken an Deck gehievt wurde. Rutschte einer ab, schwamm er um sein Leben, denn das Walblut lockte die Haie an. Bis zu drei Tage Knochenarbeit, umwabert vom erbärmlichen Gestank des Transiedens, bis nur noch Skelett und Gedärm übrig waren. Fangschiffe wurden auf See gerochen, noch ehe sie in Sicht kamen. Frischlinge an Bord mussten in die Walschädel kriechen, um das begehrte wachsgleiche Walrat herauszuschaben, das als Wundermittel galt. Ganz zum Schluss wurde das in Klumpen an den Darmwänden hängende, überaus wertvolle Ambra herausgeschält. Verarbeitet wurde alles. Aus Fischbein und Barten wurden Reitgerten, Regenschirmgestelle oder Korsagen hergestellt, aus Ambra wurde Parfum gemacht, aus Walrat Wachskerzen, die nicht rußten. Die Gewinne waren schwindelerregend.

Genauso hoch aber war der Blutzoll unter den

Fangmannschaften. Schon das sturmumtoste Kap Hoorn zu umsegeln, um an der Landspitze Südamerikas vorbei in die Fanggebiete der Südsee oder der Antarktis zu gelangen, war so lebensgefährlich wie die Jagd selbst. Erspähten die Toppgasten hoch oben auf den Masten die Atemgischt der Wale, wurden die meterlangen, flachen Fangboote zu Wasser gelassen, um Meile um Meile hart rudernd der Herde nachzujagen. War ein Wal gestellt, stießen die Harpuniere ihre mit Fangleinen verbundenen messerscharfen Lanzen in dessen Seite. Danach pflügten die getroffenen Wale mit ihnen im Schlepptau durch die See. Ein atemraubender, wilder Höllenritt. Wurde ein Boot von dem im Schmerz wild um sich schlagenden Wal getroffen oder in die Tiefe gezogen, hieß das oft, im eiskalten Wasser zu erfrieren, denn das rettende Fangschiff war weit. Tauchte der erschöpfte Wal nicht mehr und dümpelte müde auf den Wellen, dann stießen die Harpuniere wieder zu, zielten auf Herz und Lunge, bis das Tier am eigenen Blut erstickte, die letzte rote Fontäne aus dem Atemloch spritzte und die ersten Haie kamen. Blutarbeit, auf die sich auch der amerikanische Seemann Herman Melville verstand.

Herman Melville, 1819 bis 1891, ein Leben mit der See. Erst Bankgehilfe, dann Farmarbeiter, dann Aushilfe in einem Pelzgeschäft, fuhr er mit zwanzig als Kabinenjunge auf einem Postschiff. Er musterte ab, versuchte sich als Lehrer, heuerte dann aber 1840 in Nantucket, dem geschäftigsten Walfanghafen der Welt,

auf dem Walfänger »Acushnet« an. Ein Jahr hielt er
die Plackerei aus, dann floh er vom Schiff, nachdem
die Mannschaft im Pazifik auf einer der Marquesas-
Inseln gelandet war. Er schlug sich durch die Berge,
doch die Eingeborenen setzten ihn fest. Vom Regen
in die Traufe. In einem Sack sah er drei Köpfe, darunter der eines Weißen. Tage später fand er in einem
Fass frische Menschenknochen: Kannibalen. Sie be-
handelten ihn gut, ließen ihn aber nicht gehen.
Angstvolle Wochen. Er hatte Glück. Der Walfänger
»Lucy Ann« landete an, dessen Kapitän von dem
Gefangenen hörte. Weil ihm ein Mann fehlte, schickte
er einen Trupp los, der Herman Melville befreite.

Doch die »Lucy Ann« war ein noch weit ärgerer
Seelenverkäufer als die »Acushnet« und ihr Kapitän
ein beinharter Schinder. Nach Wochen meuterte die
Mannschaft in den Gewässern vor Tahiti. Ohne Er-
folg. Die Rädelsführer wurden auf der Insel ein-
gesperrt. Melville war einer von ihnen, doch er kam
frei und segelte auf dem Walfänger »Charles and
Henry« nach Hawaii, den er mit einer armseligen
Heuer in der Tasche verließ. Um nicht vor die Hunde
zu gehen, musterte er auf dem Kriegsschiff »United
States« an. 480 Mann unter mitleidlosem Drill. Auf
Trunkenheit, Nachlässigkeit im Dienst oder Schmug-
gel standen zwölf Schläge auf den nackten Rücken.
Pöbeleien brachten sechs Schläge. Über ein Jahr blieb
Herman Melville an Bord und sah in dieser Zeit
mehr als hundertfünfzig Auspeitschungen. Selbst der
Schiffsjunge wurde blutig geschlagen. Kap Hoorn,

Brasilien, nordwärts durch die Karibik: Im Herbst 1844 lief das Schiff in den Hafen von Boston ein. Melville war zurück.

Er setzte sich hin, das Erlebte aufzuschreiben. Seine Geschichten von der grausamen Seefahrt, den Menschenfressern, den leichtbekleideten Inselschönheiten machten den Niemand zum bekannten Schriftsteller. Mit dem Geld, das er mit dem Buch verdiente, musste er nicht gleich wieder die nächstbeste Heuer annehmen, denn auch ein zweites Buch brachte einen guten Batzen. Die besonders im 18. und 19. Jahrhundert aufkommenden Meer- und Inselgeschichten waren gefragt, weil sie im Entdeckungszeitalter ferne Welten in die heimischen Wohnstuben brachten. Vor allem England, später auch Amerika, beherrschte die See und errichtete mit seinem Empire ein weltumspannendes Handelsreich, aus dem die heimkehrenden Schiffsbesatzungen von bislang nie Gesehenem berichteten. So wundert nicht, dass besonders englischsprachige Schriftsteller Schiffsabenteuer in den Blick nahmen, während in Ländern wie Deutschland Abenteuer bestenfalls im dunklen Wald mit geladener Räuberpistole stattfanden. Die Welt war voll bunter Vielfalt und steckte voller Geheimnisse, und die weißen Flecken auf den Landkarten wurden immer kleiner. Die Dschungel Südamerikas, die tosenden Flüsse Afrikas waren für Leser nur eine Zeitungs- oder Buchausgabe entfernt. Je mehr die Abenteuergeschichten jedoch in den Bann zogen, desto reißerischer wurden sie und mit allzu rascher Hand geliefert.

Herman Melville aber strebte nach mehr. Seine Schmöker genügten ihm nicht. »Was ich wirklich schreiben will, ist verdammt, alle meine Bücher sind für die Katz.« Er wandte sich bald von den Abenteuergeschichten ab. Immer geschliffener wurden seine Sätze, immer gewählter, immer tiefsinniger, mit immer mehr hineingepresstem Wissen überladen, bis sie zerfaserten. Von Natur und Schicksal, vom ewigen Kampf zwischen Gut und Böse, von Lebenssinn raunte er so verrätselt, dass ihn kaum einer noch verstand. Er driftete in ein Gedankenreich, in das ihm seine Leser nicht folgten. Sie schüttelten den Kopf.

Melville hatte geheiratet, hatte Kinder bekommen – und brauchte Geld. Also lieferte er wieder die Geschichten, die von ihm verlangt wurden, und wieder wurde er gelobt und auf ausgedehnten Reisen gefeiert, und wieder wurde er unzufrieden. Seichtes zu schreiben vermochte Melville nicht. Er zog sich zurück. Monate schloss er sich ein, in denen er sich zäh einen dickleibigen Wälzer abrang, den er mit allem vollpackte, was er je erlebt, was er je gelernt hatte, auch weil ihm ein Buch in die Hände geraten war: das Buch des Owen Chase, *Der Untergang der Essex*. Auf das hatte ihn dessen Sohn William Chase aufmerksam gemacht. 1851 hatte Melville *The Whale*, »Der Wal«, fertig geschrieben, und erst im allerletzten Augenblick benannte er das Buch in *Moby Dick* um.

»Es ist aus jenem fürchterlichen Stoff, der aus den Trossen und Leinen der Schiffe gewoben ist. Ein

Polarwind bläst hindurch, und Beutevögel fliegen über ihm. Warnen Sie alle netten, gesunden Menschen davor, auch nur einen Blick hineinzuwerfen.« Eine unnötige Warnung. *Moby Dick* lag wie Blei in den Buchläden. Zu überladen? Zu verstiegen? Ja. Aber eben auch die nervenfetzende, furchterregende, fabelhafte Geschichte des Seemanns Ismael, die Geschichte des Harpuniers Queequeg, des schweigsamen »Wilden«, in dessen Haut über und über »tataus« eingeritzt sind und der sich immer nur mit seiner Streitaxt in die Koje legt. Und vor allem die Geschichte des unheimlichen Kapitäns Ahab, der auf Gedeih und Verderb finster getrieben von irrsinniger Rachsucht Moby Dick jagt, den ungeheuren weißen Pottwal, der ihm einst ein Bein abgerissen hatte.

Eine Jagd in den Tod. Der Angriff des gejagten Moby Dick, der den Walfänger versenkt, der wahnsinnige Kapitän Ahab, der selbst in ein Fangboot steigt, den weißen Wal mit seiner selbstgeschmiedeten, dem Teufel geweihten Lanze harpuniert, sich in deren Fangleine verheddert und von Moby Dick in die Tiefe gezogen wird; Queequegs schwimmender Sarg, der Ismael als Einzigen des untergegangenen Schiffes rettet, weil er sich an ihm festklammern kann – Herman Melville hatte eines der wuchtigsten Bücher der Welt vorgelegt, und doch eines, das zu seinen Lebzeiten nur sehr wenige lasen.

»Ich habe ein bösartiges Buch geschrieben.« Mit *Moby Dick* hatte sich Herman Melville restlos ins Abseits gestellt. Er hatte gewagt, doch nicht gewonnen, und wie sein Buch geriet auch er in Vergessenheit. Knapp vierzig Jahre lebte er noch nach *Moby Dick*, knapp zwanzig davon als Zöllner im Hafen von New York, weil ihm das Schreiben nichts mehr einbrachte. Einsame Jahre des Unglücks, in denen er sich die Nächte durchackernd unbeirrt stur weiter in den Untergang schrieb. Eines seiner Kinder erschoss sich, eines starb an Schwindsucht, eines erkrankte schwer. Melville versank. Sein Schreiben wurde immer nebliger, düsterer, geheimnisvoller. »Unabhängig vom Geldbeutel, ist es mein ernstes Verlangen, solche Bücher zu schreiben, die man gemeinhin als gescheitert bezeichnet.« Er wurde verschroben, unheimlich, wortkarg, versteinert.

Herman Melville starb 1891 völlig unbemerkt von der Welt an Herzversagen, so gründlich vergessen, dass ein Nachruf auf ihn von einem Henry Melville sprach. Erst nach seinem Tod wurden die vollgeschriebenen Blätter seiner letzten Jahre auf dem Dachboden in einem Blechbrotkasten gefunden, und noch drei weitere Jahrzehnte brauchte *Moby Dick*, um seinen Siegeszug anzutreten, der hinauslockt auf das Meer.

MORAL IST NUR DER BEWEIS
FÜR ZU NIEDRIGEN BLUTDRUCK
Ernest Hemingway und Jack London

»Er war ein alter Mann, der allein in einem kleinen Boot im Golfstrom fischte, und er war jetzt vierundachtzig Tage hintereinander hinausgefahren, ohne einen Fisch zu fangen.« Sonnenverbrannt, die Hände von der Fangleine zernarbt, sein Hemd hat so viele Flicken wie sein Segel. Der Fischer Santiago ist arm. In seiner Hütte ein Tisch, ein Stuhl, eine Feuerstelle. Er schläft auf Zeitungen, die über den zerschlissenen Sprungfedern seines Bettes liegen. »Alles an ihm war alt, bis auf die Augen, und die hatten die Farbe des Meeres und waren heiter und unbesiegt.«

Nur mit einer Leine, einer Harpune, einem Messer, einer Holzkeule, um die kleineren Fische zu töten, so rudert er hinaus, weiter als die Fischer seines Dorfes, viel weiter, zu den Tiefen, in denen die großen Fische kreisen. Und wirklich: Er hakt einen riesigen Schwertfisch an, größer als sein Boot, das der gewaltige Fisch Stunde um Stunde hinauszieht auf die See. Ein Kampf hat begonnen, der beide aneinanderkettet. Die Stärke des Fisches gegen die Tapferkeit des alten Mannes. »Ich kann es so lange aushalten wie er, dachte er.« Zwei Tage und zwei Nächte, der Rücken schmerzt von der Leine, die er um sich gelegt hat, die Hände blutig, erschöpft, müde, dann kommt der Schwertfisch nah ans Boot. »Ich liebe dich sehr. Aber ich töte dich.« Der Fisch ist nicht sein Feind. Er achtet den mächtigen Gegner, seine Schönheit, seine Kraft. »Er ist mein Bruder.« Und doch stößt er ihm die Lanze tief ins Fleisch, um den kommenden Winter zu überleben.

Der alte Mann hat gesiegt. Er vertäut den blutenden Schwertfisch längsseits und setzt das Segel zur Heimkehr. »Wenn Haie kommen, dann Gnade Gott ihm und mir.« Und sie kommen. Zu viel Blut im Wasser. Der Fischer tötet den ersten Hai, der seine Harpune mit in die Tiefe nimmt. Einen Fleischbrocken am Rücken hat er trotzdem herausgebissen. Noch mehr Blut, noch mehr Haie. Das Messer bricht, die Holzkeule wird ihm entrissen, die Ruderpinne des Bootes zersplittert, während er auf die Haie einschlägt. Immer mehr Fleisch reißen sie aus dem

Fisch, bis nur mehr das Gerippe im Wasser dümpelt. »Er wußte, dass er jetzt endgültig und unwiderruflich geschlagen war.« Diesmal ist der alte Mann besiegt. Er hat den Fisch verloren, er hat den Kampf verloren, nicht aber seine Würde, denn bis zum bitteren Ende hat er standgehalten, sich nicht armselig gebeugt, sich nicht willenlos gefügt. »Man kann vernichtet werden, aber man darf nicht aufgeben.« Das ist das Glaubensbekenntnis des Fischers Santiago in *Der alte Mann und das Meer*.

»Der Mensch darf nicht aufgeben.« Das war auch das Bekenntnis des Ernest Hemingway, dem das schmale Buch endgültig Weltruhm sicherte. Nobelpreis für Literatur 1954. Und schmal sind fast alle seine Bücher, kurz seine Geschichten, die in den Bann zogen. Der Schriftsteller Hans Fallada über Hemingways Schreiben: »Erzählen ist Weglassen. Es ist ganz ungeheuerlich, wie er das macht. Er erzählt Details über Details. Wie man in eine Stadt kommt, sich ein Hotelzimmer nimmt, mit dem Portier ein paar Worte spricht, raufgeht, sich wäscht, ein frisches Hemd anzieht, Anzüge in den Schrank hängt, wieder in die Stadt geht, eine Zeitung kauft – Details über Details, Weglassen aller Gefühle, es gibt keinen Autor: und aus alldem steigt Traurigkeit auf, die Verlorenheit im Leben, unsere Ziellosigkeit, Ausgeliefertsein an das Schicksal.« Ein paar Striche, kaum mehr als Umrisse, nur das Nötigste. »Das andere überlässt er seinen Lesern.«

Hemingways Kunst, sich kurz zu fassen, seinen

Kurzgeschichten, den »short stories«, eiferten weltweit viele nach, genauso wie seinem abenteuervollen
Leben, aus dem er sein Schreiben schöpfte – mit vol-
len Händen, denn er schrieb nur über das, was er
kannte. Genau kannte.

Hemingway, geboren 1899 in Oak Park, Illinois,
USA: Großwildjäger in Afrika, Hochseeangler auf
Schwertfische oder Haie, begeistert vom Stierkampf,
Boxer, der sich gern prügelte, hemmungslos trin-
kend, Tapferkeitsorden als Freiwilliger in Italien
im Ersten Weltkrieg, Kriegsberichterstatter im Spanischen Bürgerkrieg, mit der eigenen Jacht in der Karibik U-Boote jagend im Zweiten Weltkrieg. Er hungerte danach, sich zu beweisen. Von Frauen geliebt,
von Männern bewundert, einer, der sich als Drauf-
gänger sah, einer, der den Tod herausforderte, um
ihn verächtlich anzulächeln, und doch einer, der
wusste, dass der Tod nicht zu besiegen ist und die
Angst vor ihm nie vergeht. Am Ende steht immer die
Niederlage. Der Mensch ist verurteilt, zu sterben. Er
kann nur versuchen, aufrecht stehen zu bleiben.

»Wieviel besser ist es, mitten in der glücklichen
Jugendzeit zu sterben, im strahlenden Licht dahin-
zuscheiden, als alt und klapprig zu werden und seine
Illusionen zerstört zu sehen.« Hemingway war noch
nicht zwanzig, als er das schrieb. Eben erst war er
an der Italienfront des Ersten Weltkriegs im Mörser-
beschuss schwer verletzt worden. Zwölf Operatio-
nen, um die über zweihundert Splitter zu entfernen.
Und er hielt sich daran, besser aufrecht stehend zu

sterben als dahinzusiechen. 2. Juli 1961, sieben Uhr morgens, sein Haus in Ketchum, Idaho: Hemingway, knapp zweiundsechzig Jahre alt, schwermütig, krank, vom Trinken gezeichnet, setzte sich eine Schrotflinte an den Kopf und drückte ab.

Gefährlich leben, um über das Leben zu schreiben, dem Tod nahe sein, um das Leben zu spüren. Auch daran hatte er sich gehalten. *In einem anderen Land* – sein Einsatz im Ersten Weltkrieg. *Paris. Ein Fest fürs Leben* – seine Zeit in den Cafés und auf den Boulevards der französischen Hauptstadt. *Fiesta* – die Stierhatzen durch die Gassen im spanischen Pamplona und das Fliegenfischen in den Pyrenäen. *Tod am Nachmittag* – der Stierkampf. *Die grünen Hügel Afrikas, Schnee auf dem Kilimandscharo, Das kurze glückliche Leben des Francis Macomber* – seine Safaris und die Großwildjagd. *Wem die Stunde schlägt* – der Spanische Bürgerkrieg. *Der alte Mann und das Meer* – die Jahre in Kuba, die See und das Hochseefischen, die Tage und Nächte mit den Drinks in der Hand.

Zwei Flugzeugabstürze überlebte er kurz nacheinander in Afrika, er hatte Löwen gejagt, die großen Fische geangelt, hatte nach der Landung in der Normandie von der Front des Zweiten Weltkriegs in Frankreich berichtet. Dahinter aber steckt weit mehr als nur der verwegen harte Kerl, denn wie er selbst so sind auch Hemingways Buchhelden letztlich Gescheiterte. Vom Leben gezeichnet, tieftraurig, einsam. Die Liebe hält keinen Trost bereit, der Nervenkitzel keinen Ruhm, das Trinken keinen Ausweg, und wie bei Hemingway verbirgt sich hinter einer Maske der Unberührbarkeit, des Stolzes und der Unbeugsamkeit ihre Verletzlichkeit, Zärtlichkeit, Sehnsucht. »Verflucht gute Geschichten.« Und die verflucht beste, um den Mann hinter seinem Schreiben zu entdecken, ist der Roman *Inseln im Strom*. Die Geschichten *Der alte Mann und das Meer* oder *Wem die Stunde schlägt* sind mit Recht berühmter, doch Hemingway selbst ist nirgends besser greifbar als in diesem Roman, in dem er sich, seine Frauen, seine Kinder beschrieb.

Ernest Hemingway, der Haudegen, Herman Melville, der Walfänger, oder Joseph Conrad, der Seefahrer: Von den Stürmen um Kap Hoorn, aus fiebrigen Dschungeln, von den Weltmeeren, von den Schlachtfeldern, aus dem undurchdringlichen Afrika brachten sie Erinnerungen mit und formten sie zu Geschichten, die sehr nah am eigenen Erleben waren. Und in diese Reihe gehört ebenso Jack London. Ein Ausflug zu ihm.

Der hohe Norden, das Grenzland zwischen Alaska und Kanada, 1896. Aus der Eiseskälte ging ein Ruf um die Welt: Gold! Am Fluss Klondike war der Stoff gefunden worden, aus dem die Träume sind. Hunderttausend folgten dem Lockruf, doch aufgerieben von Kälte, Erschöpfung, Hunger, Krankheiten kam nur die Hälfte im gelobten Land an. Alles ließen sie stehen und liegen, trieben, wo auch immer, Geld für die Schiffspassage und die Ausrüstung auf, um sich nordwärts durchzubeißen. Einer von ihnen war Jack

London. 1876 in San Francisco arm geboren, 1916 gestorben mit nur vierzig Jahren. Er trug Zeitungen
aus, wischte die Böden der Bars. Kinderarbeit war
üblich. Als die Schule zu teuer geworden war, verließ
er sie, schuftete in einer Konservenfabrik, hing in der
Hafenkneipe »First and last Chance Saloon« rum, in
der Seeleute ihr Garn sponnen. Sie begeisterten Jack
London für die See. Von seiner schwarzen Kinderfrau lieh er sich Geld, um ein Boot zu kaufen, die
»Razzle Dazzle«. Er luchste sie einem Dieb ab, dessen Geliebte er gleich mit übernahm. Nachts plün-
derte er mit ihr die Austernbänke vor der Küste. Gefährlich, aber leicht verdientes Geld.

Jack London, der blendend aussehende Muschel-
dieb, der »Austernpirat«, mit siebzehn erfüllte er sich
einen Traum: 1893 heuerte er auf einem Robbenfänger
an, kreuzte auf dem Dreimaster vor Japan. Mit dabei hatte er ein Buch: *Moby Dick*. Und er hörte von
Alexander McLean, einem üblen Kapitän. Ein kraft-
strotzender Menschenschinder. Jack London wird
ihn später zum Vorbild für seine Romanfigur Wolf
Larsen nehmen, *Der Seewolf*, der mehr ist als ein mit
blanker Hand rohe Kartoffeln zerquetschendes Raubein. Abgründig, zerrissen, gebeutelt, erfand Jack
London mit Larsen einen Kapitän, dem in der Welt
der Bücher nur Kapitän Ahab gleichkommt. Nach
acht Monaten indes war Jack Londons Asienaben-
teuer vorüber.

Zurück von der Robbenjagd, rackerte er in einer
Jutemühle, schippte Kohle, sprang als »Hobo«, als

Wanderarbeiter, auf die Güterzüge, um kreuz und quer durch Amerika zu trampen. Jack London, der Abenteurer: »Ich bin lieber Asche als Staub.« Der Frauenliebling: »Moral ist nur der Beweis für zu niedrigen Blutdruck.« Der Bettler: »Ich war unten, im Keller der Gesellschaft, drunten in den unterirdischen Tiefen des Elends.« Er wurde als Landstreicher aufgegriffen und in den Knast geworfen. Was dort geschah – Jack London schwieg sich aus, sprach nur von »undenkbaren Greueltaten«. Er musste raus aus diesem Leben. Gesagt, aber nicht leicht getan. Noch bettelte er sich durchs Land, soff sich durch die Saloons, prügelte sich, wann immer nötig, um sich in der Welt der harten Kerle als noch härterer Kerl über Wasser zu halten. Dann aber holte er die Schule nach, schaffte neben den Hilfsarbeiten sogar die Aufnahme an die University of California, doch nach ein paar Wochen war damit wieder Schluss. Abermals kein Geld. Er fing in der Wäscherei der Universität an, wusch die Kleider derer, mit denen er vor kurzem noch im Hörsaal gesessen hatte. Das Schreiben hatte er da längst für sich entdeckt, doch was er einsandte, kam postwendend zurück. Noch fehlte ihm die entscheidende Geschichte.

Er fand sie hoch im Norden. 1897. Der Irrsinn des Goldrauschs. Jack London war gerade einmal zwanzig Jahre alt, als er dem *Lockruf des Goldes* folgte. Biedere Bürger wurden zu Glücksrittern, die sich auf den »Trail« begaben, der über Tausende von Meilen zum Yukon führte. Jack London machte sich an

Bord der »Umatilla« auf. Zelt, Decken, Handschuhe, Seile, Werkzeug, Schürfsiebe – allein die Goldgräberausrüstung wog über 1500 Kilo. Aus schlechter Erfahrung und um Hungersnot, Mord und Totschlag, Raub und Plünderung vorzubeugen, wurde den Männern streng auferlegt, genügend Vorräte mitzunehmen.

Vom letzten Hafen zum Yukon River lief ein gut 50 Kilometer langer Pfad, auf dem alles geschleppt werden musste. Für Träger hatte Jack London kein Geld. Hin und wieder zurück. Hin und wieder zurück. 2000 Kilometer unter der Last kamen so zusammen, jedes Mal über 1500 Stufen, die in das Eis gehackt worden waren, steil hinauf über den Chilkoot-Pass zum Yukon hinunter, der auf weiteren 800 Kilometern nach Dawson City führte, der Goldgräberstadt am Fluss. Nach Überwindung des Passes wartete ein Camp auf die Erschöpften, doch Jack London ruhte nicht. Der Winter rückte bedrohlich nahe.

Mit einem Trupp baute er ein Boot, die »Yukon Belle«, mit der sie in den »Rachen des Nordens« aufbrachen. Stromschnellen hielten sie auf, Eisschollen trieben im Fluss. Hundertzwanzig Kilometer vor Dawson City schlug der Winter erbarmungslos zu. Der Fluss gefror in der Kälte des Nordwinds. Kein Weiterkommen. Sie bauten sich Schutzhütten, um das alles bedeckende »weiße Schweigen« zu überleben. Im Frost begannen sie nach Gold zu graben, doch London fand nur wertloses »Katzengold«, glänzenden Schwefelkies. Er kämpfte sich nach Dawson durch, um einen ersten Blick zu wagen, der ihn elend enttäuschte. Die Goldgräber mit ihren Biberfellmützen, die Fallensteller, die Trapper in den brodelnden Saloons blickten feindselig und argwöhnisch drein. Täglich Schlägereien, Schießereien, Gaunerei und Betrug.

Als im Frühjahr das Eis brach, kehrte er in die Goldgräberstadt zurück, doch da war Jack London schon gezeichnet. Die Zähne hatten sich gelockert, die Gelenke waren geschwollen. Speck, Bohnen, Brot machten satt, aber mehr nicht. Vitaminmangel, Skorbut, sonst die Geißel der Seeleute, hatte ihn im Griff. Das Abenteuer Wildnis war für Jack London vorbei. Mit Goldstaub für etwas mehr als vier lausige Dollar machte er sich auf den Heimweg auf einem selbstgebauten Floß. Er brauchte neun Monate. Den ersehnten Goldschatz hatte er nicht gefunden, dafür aber einen Schatz aus Erfahrungen, Erlebtem, Geschichten.

Um sich das Schreiben leisten zu können, versetzte er seine Uhr, seinen Anzug, sein Fahrrad. Umsonst. Die Absagen der Verlage hing er an eine Schnur, die quer durch seine Absteige gespannt war. Sie füllte sich rasch. Zäh schrieb er weiter. Von den Männern im Norden, vom Überlebenskampf der Waldläufer in der einsamen, feindseligen, gleichgültig tödlichen Wildnis. Eine Geschichte wurde er los. Schlecht bezahlt. Eine zweite. Besser bezahlt, auch wenn er dem Herausgeber noch Prügel androhen musste, um sein

Geld zu bekommen. Eine dritte. Endlich gut bezahlt. Er schrieb sich nach oben, mit seinen kräftigen, hautnahen, packenden, schwungvollen Abenteuergeschichten. Jack London wurde bekannt, sein wirklicher Durchbruch aber ließ auf sich warten. Und doch kam er. Jahre später, 1903, mit dem Buch *Ruf der Wildnis*, das binnen eines einzigen Tages ausverkauft war. Ein durchschlagender Erfolg, weil Jack London das Selbsterlebte hineinwob, mit dem er weit mehr als ein James Fenimore Cooper mit seinen rund achtzig Jahren zuvor erschienenen Büchern wie *Lederstrumpf* oder *Der letzte Mohikaner* die Wildnis als das beschrieb, was sie ist: schön und grausam, wild und berauschend, mitleidlos und überwältigend.

Ruf der Wildnis: Die Geschichte des Hundes Buck, die – ähnlich wie Waldemar Bonsels *Die Biene Maja und ihre Abenteuer* – wieder alles ist, nur keine gefühlsduselige Tiergeschichte, auf die sie zu oft für Jugendliche getrimmt wurde. Buck, halb Schäferhund, halb Bernhardiner, lebt geborgen auf einer Ranch in einem sonnendurchfluteten Tal Südkaliforniens. Buck ist so stark wie sanft. Kampf ist für ihn Spiel. Doch er wird gestohlen, nach Alaska verkauft, zum Schlittenhund abgerichtet. Das Spiel ist vorbei. Härte muss er aushalten, Erschöpfung, Misshandlung, doch er meistert die gnadenlosen Anstrengungen des rauen Nordens, überlebt prügelnde Besitzer, Hunger, Entbehrung. Schlau behauptet er sich, mutig lernt er unter den Bissen des Gespanns und der

Peitsche der Schlittenführer, nicht aufzugeben. Wie sich die Hausgans in Selma Lagerlöfs *Die wunderbare Reise des kleinen Nils Holgersson mit den Wildgänsen* im Schwarm der wilden Gänse beweisen muss, so setzt sich Buck in seinem Schlittengespann durch, dessen Leithund er wird. Sein Glück: Zerschunden, am Ende seiner Kraft, wird Buck von John Thornton befreit. Bei ihm findet er Wohlwollen, Vertrauen, Treue, die er verloren hatte.

Sie verlassen sich aufeinander, stehen füreinander ein, führen ihr eigenes, ungebundenes Leben, doch ein braver Haushund ist Buck längst nicht mehr. Das Wilde in ihm ist geweckt. Zu oft hat er das Heulen der Wölfe in den Wäldern gehört. Wird Thornton angegriffen, stürzt sich Buck todesmutig auf die Gegner. Als Thornton dennoch bei einem Überfall stirbt, rächt der Hund blutig seinen Tod. Was tun? Bei den Menschen bleiben? Buck wählt die Freiheit. Der stolze Wolf im gebändigten Hund entscheidet sich für ein Leben in den Wäldern. Er schließt sich einem Wolfsrudel an, dessen Anführer er bald wird. Buck ist dem Ruf der Wildnis gefolgt. »Wenn die langen Winternächte kommen und die Wölfe ihrem Fleisch in die tiefer gelegenen Täler folgen, kann man ihn im fahlen Mondlicht oder im Schimmer des Nordlichts an der Spitze des Rudels sehen, seine Gefährten gewaltig überragend, hebt er seine mächtige Kehle, und er singt das Lied einer jüngeren Welt, das Lied des Rudels.«

Als Jack London kurz vor Erscheinen des Buches

beim prasselnden Feuer eines Kamins Gästen aus *Ruf der Wildnis* vorlas, schwiegen sie nach diesem Ende. Verstummt hallten die Schneestürme in ihnen nach, das Wolfsgeheul, die Kälte, die Schönheit der Wildnis, die Grausamkeit des Lebens, die Erhabenheit des Wolfes, das Rauschen der Wälder und die eigene Sehnsucht nach Abenteuern weit weg von der Knute der Stechuhren, der Fabriken, der lärmenden Straßen in den wuchernden Industriestädten.

Die Freiheitsraumbilder des Jack London nur als Abenteuergeschichten zu lesen, ist jedoch die falsche Fährte. Jack Londons Bücher haben einen doppelten Boden: In der Wildnis gilt das Gesetz des Stärkeren. Wer schwach ist, stirbt. Vor Gewalt schützt nur Gegengewalt. Gier, Habsucht, Lust an Grausamkeit treibt die Menschen an. Ein Leben zählt nichts. Das ist die Kehrseite, und Jack London beschrieb sie düster und weitsichtig in einem Buch, das gern übersehen wird: *Die eiserne Ferse.*

Ein Zukunftsroman. Der Arbeiterführer Ernest Everhard kämpft für eine klassenlose Gesellschaft gegen die »Eiserne Ferse«, ein diktatorisches Regime, das Banken und Konzernen die Herrschaft des großen Geldes und die Ausbeutung fremder Länder sichert. Die bis dahin machtlosen Arbeiter hatten jedoch die Wahlen gewonnen, die Herren des Geldes aber lassen ihre schwarzen Hundertschaften los. Mit ungebändigter Gewalt, Schlägertrupps und Spitzeln unterdrücken sie den Widerstand, Zeitungen und Propaganda führen das Volk hinters Licht, das ihnen bald ohnmächtig, bald begeistert folgt. Die Anführer der Arbeiter werden in den Untergrund gedrängt, verhaftet, ermordet, hingerichtet. Auch Everhard stirbt, die Geschichte seines Kampfes aber wird in einem Buch festgehalten, das, geheim gehalten, erst nach Jahrhunderten veröffentlicht werden kann, nachdem die Macht der Geldbosse und Wirtschaftsführer gebrochen ist. Am Ende dämmert doch noch das Zeitalter der »Menschenverbrüderung« herauf, die erkämpft sein will. Jack London: »Die Geschichte zeigt, dass die Herrschenden sich nicht freiwillig abwählen lassen. Die Kapitalisten besitzen die Regierungen, die Armeen und die Miliz. Glauben Sie denn etwa, die Kapitalisten werden diese Institutionen nicht benutzen, um sich selbst an der Macht zu halten?« Richtig gesehen.

Die eiserne Ferse wurde 1906 geschrieben. Sie spielt zwischen 1912 und 1932 und sagt gespenstisch genau den Faschismus vorher und dessen brutales Räderwerk der Unterdrückung. Selbst den Ersten Weltkrieg sah Jack London voraus, der bei ihm 1912 droht und tatsächlich nur zwei Jahre später Wirklichkeit wurde. Jack London starb 1916. Das Kriegsende hat er nicht mehr erlebt. *Die eiserne Ferse* wurde erst mit Geringschätzung aufgenommen, dann aber in den von weltweiter Wirtschaftskrise, Börsenkrach, Arbeitslosigkeit gebeutelten zwanziger Jahren wiederentdeckt, und Jack London wurde der meistgelesene amerikanische Schriftsteller der Welt. Zum einen boten seine Abenteuergeschichten vor allem auch Jugendlichen Lesefluchten aus dem tristen Alltag, zum anderen gaben Geschichten wie *Die eiserne Ferse* Hoffnung, dass sich der Kampf für Freiheit, Gleichheit, Brüderlichkeit, Reichtum für alle dereinst lohnen wird.

Ein schöner Wunsch, aber eben nur ein Wunsch, denn in Spanien, Italien und dem nationalsozialistischen Deutschland setzte sich die faschistische Bewegung durch, mit allem, was Jack London geahnt hatte. »Wenn man den Roman liest, traut man seinen Augen nicht: er ist exakt das Bild des Faschismus, seiner Ökonomie, seiner Regierungstechnik, seiner politischen Psychologie.« Das schrieb Leo Trotzki, einer der Mitkämpfer Lenins bei der Oktoberrevolution der Arbeiter 1917 in Russland, deren Folgen keinen Deut besser waren als die Machtübernahme der Faschisten in Europa. Die ernüchternde Lehre daraus: Die blutige Befreiung von Machthabern gebiert nur neue Machthaber, die bald so schlimm sind wie die alten, wenn nicht schlimmer, und einer der *Die eiserne Ferse* sehr gut kannte, beherzigte diese Lehre. Zuerst in *Farm der Tiere*, dann in *1984*. Zugegeben, Lieblingsbücher.

BIG BROTHER IS WATCHING YOU
George Orwell

Erschienen 1945, am Ende des Zweiten Weltkriegs: *Farm der Tiere*. Umstritten ist, ob das Buch entstand, um das System der Nationalsozialisten oder den Ablauf und die Folgen der Revolution in der Sowjetunion zu umschreiben, die eigentlich das Paradies für Arbeiter und Bauern bringen sollte. Ein unnützer Streit, denn beide strickten ihre Herrschaft nach gewissenlosem Muster. *Farm der Tiere*: Seit *Gullivers Reisen* das beste Gleichnis für den menschlichen Machthunger, geschrieben in Anlehnung an »Fabeln«, in denen sprechende Tiere mit ihnen zugeschriebenen

Eigenschaften eine »Moral von der Geschicht'« vermitteln.

Bei Orwell sind das die Tiere der »Herren-Farm«, die vom versoffenen Bauern ausgebeutet werden. Der weise Keiler Old Major aber erzählt von seinem Traum, in dem die Tiere das Joch abschütteln, den Bauern loswerden und nur mehr für die eigene blühende Zukunft arbeiten, sobald sie sich gegen die Unterdrückung auflehnen. Damit ist die Idee in der Welt. Als Old Major stirbt, bauen sie die Schweine, die als klug gelten, unter Führung des wuchtigen Napoleon, des schlauen Schneeball und des redegewandten Schwatzwutz weiter aus. Der Tag des Aufstands kommt: Der betrunkene Bauer vergisst die Tiere zu füttern, sie dringen, von Hunger getrieben, in die Futterkammer ein, der Bauer, der sie gewaltsam hindern will, wird verjagt. Ketten, Peitschen, Trensen, Halfter – die Sinnbilder der Sklaverei werden zerstört, einzig das Farmhaus bleibt stehen, um als Museum an die Knechtschaft zu erinnern. Kein Tier soll je darin wohnen.

Die Gesetze der Farm der Tiere werden an die Scheune geschrieben: »1. Alles, was auf zwei Beinen geht, ist ein Feind. 2. Alles, was auf vier Beinen geht oder Flügel hat, ist ein Freund. 3. Kein Tier soll Kleider tragen. 4. Kein Tier soll in einem Bett schlafen. 5. Kein Tier soll Alkohol trinken. 6. Kein Tier soll ein anderes Tier töten. 7. Alle Tiere sind gleich.« Mit Werkzeugen umzugehen und ungewohnte Farmarbeiten zu erledigen, ist hart für die Tiere, aber sie kämpfen sich durch. Die Ernte wird besser als erhofft, auf einer Koppel wird sogar ein Ruheheim für altersschwache Tiere eingerichtet, die nicht mehr geschlachtet werden. Sie teilen brüderlich, nur die Schweine beanspruchen die Milch und die Äpfel allein für sich, um für ihre Denkanstrengungen zum Wohle der Farm gesund zu bleiben, wie Schwatzwutz sagt.

Doch Merkwürdiges geschieht. Bei einer Abstimmung der Tiere, die Schneeball gegen Napoleon gewinnen wird, stürmen plötzlich bissige Hunde die Versammlung. Napoleon hat sie heimlich großgezogen. Schneeball entkommt gerade noch so, danach werden die gemeinsamen Beratungen abgeschafft. Fortan bestimmen einzig die Schweine, denen Napoleon vorsitzt. Wer gegen ihn aufmuckt, auf den warten seine Hunde. Klammheimlich werden die Farmgesetze umgeschrieben. Um die mühselige Verwaltungsarbeit in Ruhe zu erledigen, ziehen die Schweine ins Farmhaus, das der Würde Napoleons sowieso angemessener ist. »Kein Tier soll in einem Bett schlafen *mit Leintüchern*.« Ein Bett ohne Tuch ist auch nicht mehr als ein Schweinekoben: Für alles findet Schwatzwutz die Ausrede.

Um einzutauschen, was auf der Farm nicht hergestellt werden kann, wird mit den verhassten Menschen Kornhandel getrieben. Die gehen zwar auf zwei Beinen, sind aber auf einmal keine Feinde mehr. Weil die Getreideernte so zum Leben nicht mehr reicht, werden die Eier der Hühner verkauft. Einige

Hühner wehren sich, die Hunde töten sie. »Kein Tier soll ein Tier töten *ohne Grund*.« Überhaupt ist an allem Schlechten nur Schneeball schuld, der von Anfang an mit den Menschen verbündet war, um den Tieren zu schaden. Als die Schweine eine Kiste Whiskey finden, der ihnen ordentlich schmeckt, wird die Ruhekoppel bald für Braugerste genutzt. »Kein Tier soll Alkohol trinken *im Übermaß*.«

Ängstlich und kleinlaut nehmen die Tiere das Treiben der Schweine hin, keiner will schließlich den schrecklichen Bauern zurück oder den furchterregenden Hunden anheimfallen. Am ärgsten dran ist das Arbeitspferd Boxer. Seine Kraft hatte die Farm am Leben erhalten. Er hatte noch aufopfernd geschuftet, als alle schon schliefen. Ein Held der Arbeit. Müde geworden von der langen Plackerei, verunglückt er und wird ins nahe Krankenhaus geschafft. Dass der Laster, der ihn holt, dem des Pferdeschlächters gleicht, ist natürlich eine Lüge, sagen die Schweine. Sie soll nur schlechtreden, dass die Farm ein leuchtendes Vorbild für die Tiere der Welt ist, denn sie ist die einzige Farm, die nur Tieren gehört. Ihre Arbeiter arbeiten für sich, nicht für einen Ausbeuter. Doch eines Tages gehen die Schweine auf zwei Beinen und tragen Kleider, und alle Farmgesetze verschwinden von der Scheunenwand, bis auf eines: »Alle Tiere sind gleich, *aber manche sind gleicher*.« Und als die Farmtiere nachts durch die Scheiben des Farmhauses die Schweine beobachten, die von Menschen besucht werden, geschieht sehr, sehr Seltsames.

Geboren wurde George Orwell 1903 als Eric Arthur Blair in Indien, das unter englischer Herrschaft stand. George Orwell war sein Schriftstellername. Der Schriftsteller Artur Koestler über Orwell: »George war ein Rebell. Ein Revolutionär schließt Kompromisse, um an der Macht zu bleiben. Ein Rebell ist ein Rebell, ist immer dagegen. Und er war gegen alles, was in der Gesellschaft stank, was Schund und Mist und verdorben und verfault.« Ausgeübte Berufe: Militärpolizist, Journalist, Tellerwäscher, Freiwilliger im Spanischen Bürgerkrieg, Lehrer, Buchhändler, Schriftsteller. Noch mal über Orwell: »Er schrieb wirklich schlecht. Er musste sich alles erst selber beibringen. Wie der Ochse vor dem neuen Scheunentor. Dass er ein Meister englischer Prosa wurde, ist reine Schinderei gewesen.« Einen ersten Schritt dahin machte er in seinen fünf Jahren als Militärpolizist in Burma. Mit neunzehn hatte er das Schiff nach Rangun bestiegen, aber das überhebliche Leben der Kolonialherren, ihr hochnäsiger Umgang mit den Einheimischen, stieß ihn ab.

Er quittierte den Dienst, doch was er in Asien gesehen hat, wird in seinem Schreiben wieder auftauchen: die Unterdrückung und das Elend der Massen. Noch aber hatte er keinen guten Anfangsgedanken. Um ihn zu finden, streifte er durch Londons Elendsviertel, zog sich schäbige Kleider an und lebte mit den Obdachlosen. Eine Notschlafstelle hieß »The Coffin«, der Sarg, weil in einfachen aneinandergereihten Holzkisten auf dem Boden geschlafen wurde. Danach brach er für über ein Jahr nach Paris auf. Er ging in die Straßencafés und wollte das Leben der Boheme führen wie vor ihm die ausländischen Maler und Schriftsteller, die Paris überschwemmt hatten, unter ihnen Ernest Hemingway. Im Herbst 1929 gingen auch diese Tage zu Ende. Mit Beginn der Weltwirtschaftskrise wurde ihm sein letztes Geld gestohlen. Er hungerte und arbeitete als Tellerwäscher. Abgebrannt kehrte er nach England zurück.

Er wanderte durch Südostengland, um mehr Stoff über die Armut zu sammeln, er schrieb und arbeitete nebenbei als Buchhändler, bis er in die Kohlereviere im Norden Englands reiste. Birmingham, Wolverhampton, Stoke, die Kohlestadt Wigan, Manchester, Leeds – überall fand er den gleichen Stolz und das gleiche Elend der Arbeiter, die im Europa der dreißiger Jahre von zwei politischen Richtungen umkämpft wurden: Kommunismus und Faschismus. Der Kampf wurde zum Krieg, als die Truppen des faschistischen Generals Franco 1936 gegen die spanische Republik antraten. Sie zu verteidigen, schloss sich Orwell wie so viele Fortschrittliche aus aller Welt im Spanischen Bürgerkrieg einer Brigade an. Der ehemalige Militärpolizist wurde mit der Ausbildung der spanischen Freiwilligen betraut. Als er in die Kampfhandlungen geriet, durchschoss ihm ein Heckenschütze den Hals.

Die Ärzte fürchteten, er werde seine Stimme verlieren. Orwell erholte sich trotz der Anfälligkeit seiner Lunge, die ihm seit seiner Kolonialzeit zu schaffen machte. Doch bald schwebte er erneut in Lebensgefahr. Die Geheimpolizei verfolgte ihn. In einem Versteck auf der Flucht traf er auf einen gewissen Willy Brandt, der später Kanzler der Bundesrepublik Deutschland wurde. Zurück in England, beschrieb Orwell wieder, was er gesehen hatte: den Krieg in all seiner Erbärmlichkeit. Die Kälte, die Langeweile, die Gefahr, doch George Orwell schilderte auch die Gleichheit der Menschen und die Hoffnung auf eine bessere Zukunft. Doch diese Zukunft fand nicht statt. Hitlers Armeen überfielen Polen. Am 1. September 1939 begann der Zweite Weltkrieg.

Die Erlebnisse in Spanien und der Vormarsch des Faschismus ernüchterten Orwell. Er schrieb weiter, er kämpfte weiter, doch er glaubte nicht mehr an eine Zukunft mit einer menschenwürdigen Gesellschaft. 1940 trat er der »Home Guard« bei, dem Heimatschutz, der während der Luftschlacht um England und der Bombardierung Londons Luftschutzaufgaben übernahm. Seine Enttäuschung indes wurde Orwell nicht mehr los, und sie spiegelt sich in seinem ersten Buch von Weltrang: *Farm der Tiere*, das 1945, in den Tagen der Atombomben von Hiroshima und Nagasaki, erschien. Mit ihm wurde Orwell schlagartig berühmt. Dennoch musste er weiter für Zeitungen schreiben, um ausreichend zu verdienen. Was Orwell mit *Farm der Tiere* begonnen hatte, dachte er in seinem bekanntesten Werk zu Ende: *1984*, die Geschichte des Winston Smith. Die Welt im Jahr 1984 ist dreigeteilt. Wechselnd verbündet, stehen drei verfeindete Blöcke in dauerndem Krieg gegeneinander. Ostasien, Eurasien und Ozeanien beherrschen die Erde. Die Gesellschaft, in der Smith lebt, besteht aus drei Klassen: Die innere und die äußere Partei sowie die Masse der Proles. Die »Gedankenpolizei« der Partei kontrolliert alles, jeder wird lückenlos und ständig überwacht, jeder bespitzelt jeden. Kameras, Überwachungsbildschirme in der Wohnung und das Bild mit dem Auge des »Großen Bruders« sind allgegenwärtig. »Es war eines jener Bilder, die einem mit dem Blick überallhin zu folgen schienen. DER GROSSE BRUDER SIEHT DICH, lautete die Textzeile darunter.« Parteigegner werden hingerichtet, in »Haßwochen« wird gegen die Kriegsfeinde gehetzt. Durch den Krieg ist das Land heruntergekommen, an allem herrscht Mangel.

Die Partei bestimmt alles, selbst die Sprache. Sie hat »Neusprech« eingeführt, um das Denken der Menschen zu ändern. Früher: gut. Jetzt: gut. Früher: besser. Jetzt: plusgut. Früher: am besten. Jetzt: doppelplusgut. »Krieg ist Frieden« – »Freiheit ist Sklaverei« – »Dummheit ist Stärke«: Winston schreibt für die Regierung im »Ministerium für Wahrheit« alte Zeitungen neu, um die Vergangenheit parteigenehm zu verschleiern. Ihren Propagandaparolen glaubt Winston indessen nicht. Er wird zum »Gedankenverbrecher«, weil er herausfinden will, ob das Leben in der Vergangenheit besser war. Zudem beginnt er ein Verhältnis mit Julia. Gefährlich und verboten, denn Sex ist nur zur Fortpflanzung erlaubt. Doch Winston begeht einen Fehler. Er vertraut O'Brian, den er für ein Mitglied einer Verschwörung gegen den »Großen Bruder« hält, und so werden er und Julia verhaftet, denn O'Brian gehört zur Partei. Er hat Winston eine Falle gestellt. O'Brian leitet die Verhöre. Winston verrät Julia, nachdem ihm sein schlimmster Albtraum als Folter angedroht wird: ein Käfig gefräßiger Ratten vor seinem Gesicht. Ziel der Verhöre ist nicht die bloße Unterwerfung unter den Willen der Partei, sondern die freiwillige Anerkennung ihrer Herrschaft und die Anerkennung der eigenen Schuld. Winston Smith zerbricht unter der Folter und bejaht voll und ganz seinen notwendigen Tod. »Jetzt war es gut, es war alles in Ordnung, der Kampf war zu Ende. Er hatte sich selbst überwunden. Er liebte den großen Bruder.«

1984: Neben Aldous Huxleys *Schöne neue Welt* die eindringlichste Schilderung einer stets drohenden Zukunft. Jack London vermochte seinem Zukunftsroman noch ein versöhnliches Ende zu geben, Orwell hingegen seinem *1984* nicht mehr. Zu Recht. Denn: Gleichgeschaltete Menschen unter ständiger Überwachung, verfeindete Staaten, die Krieg führen, um die Missstände im eigenen Land zu entschuldigen, die Auslöschung menschenwürdiger Gesellschaften durch totalitäre Systeme sind spätestens mit der Zeit des Zweiten Weltkriegs beklemmende Wirklichkeit geworden. Tyrannei und Diktatur sind stets und überall auf dem Sprung. 1984 ist dafür nur ein beliebiges Jahr. Spionagesatelliten, Überwachungskameras an Kreuzungen, öffentlichen Plätzen und in Kaufhäusern, politikbeherrschende multinationale Konzerne, Abhören von Telefonaten, Datenerfassungen, Raster- und Schleierfahndung, Speichern von DNA-Tests, elektronische Fußfesseln zur Überwachung von Gefangenen, Krieg als Mittel der Innenpolitik – der große Bruder hat sich schon lange eingeschlichen.

Noch eine kleine Randbemerkung zum Schluss. Zukunftsroman, Abenteuerroman, Liebesroman oder Horrorroman sind Schubladen, die natürlich zu eng sind. Eine gute Horrorgeschichte ist immer auch ein Abenteuer, einem Zukunftsroman schadet eine Prise Liebe nicht, und eine Liebesgeschichte ist sowieso immer gefährlich. Also nicht blenden lassen. Wer sagt, er lese nur Liebes-, aber keine Abenteuergeschichten, nur Zukunfts-, aber keine Horrorerzählungen, der beraubt sich selbst.

DAS GRAUEN! DAS GRAUEN!
Joseph Conrad

3. Dezember 1857: Józef Teodor Konrad Korzeniowski wird im von Russland besetzten Polen geboren.
Seine Familie gehört zum Landadel, unbeschwerte
frühe Jahre, doch bald der erste Bruch. Sein Vater,
ein glühender Kämpfer für die verlorene polnische
Freiheit, half, mit Hetzschriften den Aufstand gegen
die verhassten russischen Besatzer vorzubereiten. Er
flog auf, wurde verhaftet und in der Warschauer Zi-
tadelle eingekerkert. Nach Monaten der Haft folgte
das Urteil: Verbannung ins ferne Russland. Das gleiche Urteil gegen die Mutter als Mittäterin. Die sorg-

losen Adelstage waren vorbei. Sumpfland, wenig Essen, die Kälte, der Schnee, wenig Feuerholz. Józef war vier.

Als die Verbannung aufgehoben wurde, war er zehn, die Mutter starb durch die Entbehrungen an Schwindsucht, ebenso der Vater. Józef Korzeniowski war Waise. Unterkommen bei Verwandten, Schule, die ihn langweilte, Krankheiten. Er hustete, fieberte, war oft bettlägerig, und: Er wollte raus aus Polen. Die weißen Flecken auf den Karten der Welt zogen ihn geheimnisvoll an. »Dort will ich hin, wenn ich erwachsen bin.« Gegen die Langeweile las er. Bücher steckten ihm von früh an in den Knochen. Der zweite Bruch: die Flucht vor den bösen Erinnerungen. Weitab von jedem Meer, sprach der blasse, schmale Junge immer öfter von der See, von Schiffen, vom Seemannwerden. Barer Unfug für die Verwandten. »Der Junge spinnt doch!« Sein Wille aber war eisern. Ein sturer Dickkopf. Abenteuerlust, Fernweh? Bestimmt. Ein weiterer Grund: Als Sohn eines Verräters drohte ihm der prügelharte lange Wehrdienst in der russischen Armee. »Ich stieg im Jahre 1874 in Krakau in einen Zug, wie man in einen Traum gerät. Die Hauptsache war, wegzukommen.« Viel hatte er nicht im Gepäck. Polnisch sprach er, sicher ein wenig Russisch, fließend Französisch, das über Jahrhunderte die Sprache des Adels war. Reiseziel: die Hafenstadt Marseille, Frankreich.

An den Kais lagen die großen Segelschiffe mit ihren Versprechen von fremden Ländern, Dampfschiffe stampften vorüber, an den Molen schwappten die Wellen der unbekannten See. Seine erste Fahrt als Gast auf einem Schiff in die Südsee, danach seine erste Heuer als Leichtmatrose zu den Westindischen Inseln, dann das Mittelmeer, die Karibik, Südamerika. Knochenarbeit in den Wanten und auf Deck, bis die Hände endlich schwielig wurden. Dazwischen geisterte er durch die Häfen, verprasste sein Geld. Um seine Kasse aufzufüllen, schmuggelte er mit einer Bande Waffen von Frankreich nach Spanien, die Küstenwache aber brachte das Boot auf. Heraus kam: Der Pole Korzeniowski hatte keine Aufenthaltsgenehmigung für Frankreich. Dazu die zwielichtigen Geschäfte und Behördenbriefe, die ihn zum Militär nach Polen zurückriefen. Französische Schiffe waren ihm fortan verboten. An Land gestrandet, völlig abgebrannt, forderte er sein Glück an den Spieltischen heraus – und verlor. Verzweifelt versuchte er sich zu erschießen. Die Verbannung, elternlos, heimatlos, kaum über zwanzig Jahre alt, und die Scham des Scheiterns: Korzeniowski war kein abgebrühtes Raubein. »Die Kugel ging knapp am Herzen vorbei, ohne ein wichtiges Organ zu verletzen.« Die Wunde heilte aus, er setzte sich nach England ab.

Sechzehn Seemannsjahre folgten auf Seglern und Dampfern. Kein Zuckerschlecken. Auf einer Fahrt schlug sein Kohlenfrachter leck, östlich von Sumatra brach Feuer an Bord aus. Das Schiff musste aufgegeben werden. Korzeniowski entkam in einem Rettungsboot. Madras, Singapur, Papua-Neuguinea,

Australien, Mauritius, Kalkutta. Matrose, Steuermann, Offizierspatent, schließlich Kapitän eines Dreimasters: Er stieg auf, lernte Englisch, sah die hintersten Weltwinkel. Asien aber wurde sein Sehnsuchtsland. »Das war der Osten, wie er den Seefahrern alter Zeiten erschienen sein mochte, so alt und geheimnisvoll, prächtig und düster, unverändert lebendig, voller Gefahr und Lockung.«

Die Hafenhuren, der Schnaps, die Plackerei auf den Schiffen – das eine. Der gut aussehende, gern zu Empfängen gebetene, umschwärmte Frauenliebling – das andere. Ein Gentleman, der selbst in der feuchten Tropenhitze nie ohne Krawatte und Anzug an Land ging. Der »russische Graf« wurde er genannt. »Er trug immer Handschuhe und einen Spazierstock mit einem goldenen Knauf.« Dann aber der dritte Bruch: 1894. Nach seiner ersten und einzigen Fahrt als Kapitän hing er die Kapitänsmütze aus heiterem Himmel an den Nagel. Warum, das weiß keiner, und genauso wenig, wieso er zu schreiben begonnen hatte. Der bärtige, kantige Seemann, der gewandte, gebildete, feinsinnige Gentleman, einer, der zupackte, einer, der grübelte, einer, der im schlimmsten Wetter seinen Mann stand – aus Józef Teodor Konrad Korzeniowski wurde keiner recht schlau.

Das Schreiben rang er sich ab. Er biss sich an den Seiten die Zähne aus. Englisch zu schreiben fiel ihm schwer. Die pure Schufterei. Das sollte sich für ihn nie ändern. Er verrannte sich in Sätze, die er zehnmal, zwanzigmal, dreißigmal umbaute, ehe er sich für einen entschied. Schreiben als Tretmühle. Schreiben als Kampf: »Das verdammte Zeug kommt nur durch eine Art geistigen Krampf heraus, der einige Tage oder manchmal zwei Wochen anhält, danach bin ich schlapp und nicht besonders glücklich. Ich bin so gereizt, daß ich wild werden könnte.« Und dennoch: Aus dem polnischen Seemann Józef Korzeniowski wurde der Schriftsteller Joseph Conrad. »Es ist erstaunlich, was einem alles einfällt, wenn man am Schreibtisch sitzt und keine Einfälle hat.«

Er hatte Einfälle. Die Erinnerungen an das Meer gaben sie ihm ein, an die Tropen, die Seeluft, das dampfende Grün des fernöstlichen Dschungels, den er einst auf einer Bootsfahrt erkundet hatte. In Singapur hatte er sich damals an Bord verletzt. Gesundet, heuerte er auf einem Frachtdampfer an, der »Vidar«, der die Flüsse stromaufwärts fuhr, hinein in die gottverlassenen Einöden. Die triefende Feuchtigkeit, die schwüle Hitze der Dschungelnächte – die Fahrten waren verrufen, er aber fühlte sich wohl, und Asien und die Inseln ruft er später in seinen Büchern herbei. *Almayers Wahn*, *Lord Jim*, *Der Nigger von der Narcissus*, *Der Verdammte der Inseln*, *Taifun*: »Das Ziel des Schreibens ist es, andere sehend zu machen.« Joseph Conrads Schreiben macht sehend, weil er selbst gesehen hat. Auch das Grauen.

Wieder ein Fluss, wieder eine Erinnerung, diesmal aus Afrika. Der Kongo. Eine Höllenfahrt. Joseph Conrad sollte einen Flussdampfer übernehmen. Allen Warnungen zum Trotz hatte er für drei Jahre die

Aufgabe übernommen, einen Handelsposten am Oberlauf des Flusses zu versorgen. Belgisch-Kongo: ein riesiges Gebiet inmitten Afrikas, alleiniger Besitz des belgischen Königs, der das Land für sich selbst ausbeutete. Elfenbeinhändler schlachteten die Elefanten ab, Sklavenjäger brannten gewissenlos die Dörfer nieder. Der Geruch von Tod und Verwesung. Grauenvolle Krankheiten, Schlangen, Raubtiere, das berüchtigte Wechselfieber, die Malaria: Die meisten Weißen entkamen der Dschungelhölle nur elend zerschlagen. Falls sie überlebten, falls sie nicht irrsinnig wurden.

Kaum einer drang in das Hinterland des Flusses vor, das begehrte Reichtümer zu bieten hatte: Felle, Stoßzähne, Eingeborene. Haushohe Gewinne warteten. »Den Eingeweiden des Landes Schätze zu entreißen, das war ihr Verlangen.« Joseph Conrad machte sich auf den Weg. Dakar, Elfenbeinküste, Gabun, dann der Kongo. Von Matati nach Kinshasa durch Wald, Sumpf und Steppe, vierhundert Kilometer Marsch mit dreißig Trägern in mörderischer Hitze. Wege gibt es nicht, Botschaften sind viele Wochen unterwegs. Nach einer ersten Leiche am Wegrand bald die zweite, bald die dritte. »Hörte nachts, als der Mond aufging, Rufe und Trommeln aus weit entfernten Dörfern. Heute morgen an Skelett vorbeigekommen, das an einen Pfahl gebunden war.« In der Mitte des Sommers trifft er in Kinshasa ein. Die »Florida«, sein Schiff, ist ein Wrack. Statt Kapitän zu sein, wird er der »Roi de Belges« zugewiesen, ein holzbeheizter Heckraddampfer. Vor der Abfahrt erkundet er das Land. Sklaven verlegen erste Eisenbahnschienen, lebenden Elefanten werden die Stoßzähne herausgebrochen. Er sieht, wie ein alter Mann bei den abgeschnittenen Händen und Füßen eines Kindes hockt. »Der Pesthauch aberwitziger Raubgier schien das alles wie Aasgeruch zu durchdringen.«

Das aber ist erst der Anfang einer todbegleiteten Reise. Auch die »Roi de Belges« ist ein zusammengeflickter Seelenverkäufer. Meile um Meile kämpft sie sich den Fluss hinauf. Joseph Conrad wird krank. Schüttelfrost, Fieber, Durchfall. Sie erreichen den Außenposten, eine heruntergekommene Bretterbude nahe am Fluss. Sie löschen die Fracht, legen ab, gleiten den Fluss hinab und sichern das Schiff gegen Überfälle aus der dumpf bedrohlichen grünen Baumwand des Ufers. Einen französischen Händler haben sie mit zurückgenommen, der an schmerzhaft blutigem Durchfall leidet. Die Krankheit ufert aus. Auch Conrad erkrankt abermals an hohem Fieber. Der Franzose stirbt, Conrad überlebt die Krämpfe, doch er muss von Bord. In einer Missionsstation wird er gepflegt, dann macht er sich im offenen Kanu auf zur Mündung des Kongo. Ein endloser Weg zurück auf dem Fluss, dann durch Dschungel und Grasland. Oft ist er so schwach, dass er in der Hängematte getragen wird.

Er kommt zurück. Ein halbes Jahr war er im Busch, dann steht er, glücklich entronnen, an der

Küste. Er hatte endgültig gelernt, dass die allgegenwärtige Eroberung von Wohlstand, Macht, Reichtum auf Verbrechen beruht. Wer mit allen Mitteln ausbeutet, wird unvermeidlich schlecht. Diese Erkenntnis wird seine künftigen Bücher beherrschen. Joseph Conrad brauchte nicht mehr zu grübeln, er hatte gefunden, worüber zu schreiben sich lohnt. Ernest Hemingway: »Nichts, was ich je gelesen habe, hat mir so viel gegeben, wie mir jedes Buch von Conrad gegeben hat.«

Drei Jahre fuhr Joseph Conrad nach dem Kongoabenteuer noch zur See. Afrika, den Fluss, das fiebrige Elend aber übertrug er in ein Buch von Weltrang: *Herz der Finsternis*, 1899. Eine Kongofahrt, zu Gewalt, Grausamkeit und Gräuel, und zugleich eine Fahrt hinab zum schwarzen Grund der Seele, an deren Ende nur noch ein Schrei bleibt: »Das Grauen! Das Grauen!« Joseph Conrads Fahrt auf dem Kongo wird zur Höllenfahrt des Kapitäns Marlow, der am Oberlauf des Flusses auf den Elfenbeinhändler Kurtz trifft. Der hat eine Herrschaft des Grauens errichtet. Kurtz plündert, mordet, raubt in zügelloser Ausschweifung, wie ein Dämon, der die Mächte der Finsternis heraufbeschworen hat. Todkrank ist er, irregeworden im Blutdunst, ein Schlächter, ein Teufel, der dennoch in den Bann zieht. Auch Marlow erliegt ihm und wird immer tiefer in den Albtraum gezogen.

Joseph Conrad war sechsunddreißig, als er die Seefahrt aufgab und sich in England niederließ. Die harten Jahre aber hatten ihren Preis: »Ich sehe alles mit größter Entmutigung – alles in Schwarz.« Am einschneidendsten aber das Afrikaerlebnis, nach dem er nie wieder wirklich gesund wurde. »Meine Nerven sind ganz und gar zerrüttet.« Conrad ging auf Abstand zum Leben. Schwankend zwischen Schwermut und Gereiztheit, mit fast nichts in der Tasche, begab er sich in die Ungewissheit des Schreibens und biss sich abermals über Jahre beharrlich durch. Er lieh sich Geld, machte Schulden, schnorrte, bis sein erstes Buch fertig war. Zu seinem eigenen Erstaunen wurde *Almayers Wahn* gut besprochen. »Von einem Vermögen träume ich nicht, das findet man ohnehin nicht in einem Tintenfaß.« Viel verdient hat er mit allen seinen Büchern nicht, mit denen er sich weiter Seite für Seite abmühte. »Es ist wie in einem Grab, das zugleich die Hölle ist, wo man schreiben, schreiben, schreiben muß.« Lebenslustiger wurde er dadurch nicht, und auch nicht durch seine Heirat. Hausbacken, keineswegs gut aussehend, so beschrieb er seine Braut. »Nettes, freundliches, dickes Wesen.« Eine Kameradin, die für den immer zurückgezogener, schwermütiger, abweisender werdenden Conrad sorgte.

Joseph Conrad hat seinen Ruhm noch erlebt, wenn auch erst spät. Als das Alter längst nach ihm gegriffen hatte, wurde ihm von der englischen Krone der Ritterschlag angeboten. Er lehnte ab. Zerknittert, faltig, gezeichnet von den Anstrengungen seines Lebens, ahnte er den eigenen Tod voraus, als er an seinem letzten Buch schrieb. »Es kommt mir vor, als läge die Dämmerung schon auf diesen Seiten.« 3. August 1924: ein Herzanfall.

DIE NACHRICHT VON MEINEM TODE
IST STARK ÜBERTRIEBEN
Mark Twain

Joseph Conrad: ein Namenstausch, ein Fluss, der ihn nicht losließ, ein versagendes Herz, das Wissen um den heraneilenden Tod. Ein Gleiches gilt für den Amerikaner Mark Twain, der seinen bevorstehenden Tod mit Witz nahm. »Die Zeitungen sprechen davon, dass ich sterbe. Das ist falsch. Ich würde so etwas niemals in meinem Leben machen.« Und noch eine Gemeinsamkeit: Conrad war Kapitän geworden, Twain Schiffslotse. Und eine dritte: Mark Twain griff für die blutigen Metzeleien im ausgebeuteten Kongo den belgischen König scharf an. Derlei Verbrecher waren ihm überflüssiges Geschmeiß. »Könige sind meistenteils Halunken.«

Mark Twain wetterte viel, vor allem in den letzten Jahren seines Lebens, denn ihm lag am Menschen. Gerade deshalb ließ er sich über ihn aus. »In Wahrheit ist der Mensch unheilbar dumm.« Er schrieb gegen alles an, was ihm nicht passte. Gegen Herrschende: »Politiker und Idioten sind dasselbe.« Gegen die im Krieg gern beschworene Vaterlandsliebe: »Patriotismus, ach du meine Güte! Diese Affenschande, diese Perversität, dieser lackierte Kinderkram, mit dem diese Spießgesellschaft von Landräubern, Verfassungsfummlern, Narren und Heuchlern, die sich Regierung nennt, das dumme Volk benebeln.« Kurz und gut: »In zweiundsiebzig Jahren ist mir keine ähnliche Herde von Eseln begegnet, wie die menschliche Rasse es ist.«

Melville, das sind die Walfänger und die See, Jack London, das ist die Wildnis des hohen Nordens, Hemingway, das sind die Jagd in Afrika, Stierkampf und das Meer vor Kuba, Conrad, das sind die Inseln Asiens und der Dschungel des Kongo. Twain dagegen, das sind die Schaufelraddampfer und der Mississippi, das sind der schlitzohrige Lausbub Tom Sawyer, sein Halbbruder Sid, der Streber, der abgerissene Landstreicherjunge Huckleberry Finn, der verschlagene Indianer-Joe, Muff Potter, Tante Polly und Becky Thatcher. Sie alle zusammen sind *Tom Sawyers Abenteuer* und *Huckleberry Finns Abenteuer*. Ernest Hemingway: »Die ganze moderne amerikanische Literatur stammt von einem Buch von Mark Twain ab, das *Huckleberry Finn* heißt.«

Mark Twain, eigentlich Samuel Langhorne Clemens, geboren 1835 in Missouri, gestorben 1910 in Connecticut, wurde schon vor seinem Tod öfter für tot gehalten. Twain: »Wenn es mir auch nicht ausgesprochen gut geht, so bin ich doch noch nicht so krank, um einen Leichenbestatter in Erregung zu versetzen.« Eine zweite Todesnachricht sagte, er sei bei einem Schiffsuntergang gestorben. »Die Nachricht von meinem Tode ist stark übertrieben.« Totgesagte leben länger.

Twain wuchs in Hannibal, einem Dorf am Mississippi, auf. Sklaverei gehörte zum Alltag, Misshandlungen an Schwarzen waren jedoch eher selten. Dennoch wird Mark Twain später gegen sie antreten. »Der ›Niggerhändler‹ wurde von allen verabscheut. Er galt als eine Art Teufel in Menschengestalt, der arme hilflose Geschöpfe kaufte und sie in die Hölle beförderte, denn bei uns hielten Weiße und Schwarze die Plantagen im Süden für die Hölle.« Die sie oft auch war. Die »gottgegebene Ordnung« stellte aber auch Mark Twain nicht in Frage, zumindest nicht in *Tom Sawyers Abenteuer*. Zu verklärt sah er Hannibal, den Mississippi, seine Kindheit, wohl auch, weil diese zu rasch geendet hatte.

Nach dem Tod des Vaters verließ er die Schule, begann mit zwölf eine Druckerlehre, danach, mit fünfzehn, erste Schreibarbeiten für die Zeitung. Sein Traum aber war ein anderer: auf dem Mississippi zu schippern. 1859 erwarb er sein Lotsenpatent. »Ein Lotse war damals der einzige ungebundene und vollkommen unabhängige Mensch auf Erden.« Niemand, auch keiner der Kapitäne der großen Schaufelraddampfer, wagte einem Lotsen dreinzureden. Zu gefährlich die Untiefen, die Sandbänke, die Unterströmungen des Flusses. Die Dampfer waren dem Wissen des Lotsen auf Gedeih oder Verderb ausgeliefert. Mark Twain genoss, auf der Brücke zu stehen, zwischen St. Louis und New Orleans zu pendeln, das quirlige Treiben an den Landungsstegen zu beobachten und das Flussufer zu sehen, an dem sich das Leben der Menschen ballte. Viele Vorbilder für seine Romanfiguren fand er in diesen Jahren. »Die Zeit floss sanft und wohlhabend dahin, und ich nahm an – und hoffte –, ich könnte den Rest meiner Tage den Fluss hinauf- und hinuntersteuern und einmal am Rad sterben, wenn meine Mission beendet sei. Aber dann kam der Krieg, Handel und Verkehr wurden lahmgelegt, und mit meinem Beruf war es aus.«

Die Yankees der industrialisierten Nordstaaten gegen die Konföderierten der ländlich geprägten Südstaaten. Der Amerikanische Bürgerkrieg, 1861 bis 1865, der sich auch an der Sklavenfrage entzündet hatte. Der Norden siegte. Twain diente in der Südstaatenarmee, aber nur ein paar Tage, dann setzte er sich in die Bretterstadt Carson City in den noch immer gesetzlosen Westen ab, in dem Colt und Faust das Recht bestimmten, in dem die großen Bisonherden abgeschlachtet, die Indianer bekämpft wurden.

Mark Twain ging unter die Schürfer, denn das Silber-
fieber war ausgebrochen und das Land brummte von
Wundergeschichten. Twain, »der Verrücktesten einer«,
wühlte sich in die Berge auf der Suche nach dem
schnellen Geld. »Einwandfrei, das war der Weg zum
Reichtum.« Daraus wurde nichts, aber die Vorstel-
lung vom Millionärsleben und Wohlstand ohne Geldsorgen brannte sich ihm ein. Er wurde sie nie wieder
los, und wenn sie schon nicht durch Graben um-
zusetzen war, dann vielleicht durch Schreiben. 1864:
Samuel Clemens war wieder bei der Zeitung, bei der
er fortan mit dem Namen Mark Twain unterzeich-
nete. »Mark Twain!« übrigens – »Marke zwei!« – rie-
fen die Lotsen auf den Flussschiffen, wenn das Lot,
ein Senkblei an einem Seil, bis zu einem Knoten ein-
tauchte, der zwei Faden, zwölf Fuß Wassertiefe unter
dem Kiel anzeigte.

Für die Zeitungen, die mehr »Revolverblätter«
waren, lieferte er rechte Räuberpistolen, um die Leser
zu ködern. Einen Colt trug er auch. »Ich hatte niemals Gelegenheit gehabt, jemand abzuknallen.«
Mark Twain übertrieb, er flunkerte, tischte erfundene Geschichten auf. Hauptsache, grell. Zum Beispiel: Ein Mann, der seine Frau mit der Axt tötete,
dann seine sechs Kinder mit einem Knüppel und
zwei weitere mit der Faust erschlug, ehe er durch
Carson City reitet, mit dem roten Skalp seiner Gattin in der Hand, und sich schließlich selbst die Kehle
durchschneidet. Gehobenes Schreiben war nichts für
Mark Twain. »Ich hatte niemals einen Ehrgeiz in die-

ser Richtung, sondern jagte immer einem größeren Wild nach – den Massen.« Um sie zu erlegen, schaute er ihnen aufs Maul. Pfarrer nannte er »Chef von der Betbude« oder »Obermimer von der Andachtsfabrik«. Die Kirche war immer ein Lieblingsgegner, sooft er ihr auf seinen weiten Reisen begegnete.

Hawaii besuchte er, er fuhr auf dem Mittelmeer, dann durch Italien, dessen Kirchenschätze er für Plunder erachtete. Mark Twain hatte immer seinen eigenen Blick. »Soweit ich beurteilen kann, hat Italien seit fünfzehnhundert Jahren all seine Kräfte, all seine Geldmittel und all seinen Fleiß darauf verwandt, ein riesiges Aufgebot wundervoller Kirchenbauten zu errichten, und dabei die Hälfte seiner Bürger verhungern lassen.«

Zurückgekommen, durchquerte er Amerika, begab sich auf Vortragsreise, um das Erlebte überaus gekonnt zu schildern. Die Säle waren brechend voll. Er gab den Bühnenclown, der seine Reden zu verpacken wusste: Eine Zuhörerin bat er, ihm ihr Kind auf die Bühne zu reichen, um zu zeigen, wie die Kannibalen speisen. Die Lacher waren auf seiner Seite, er wurde beliebt und herumgereicht, und seine Reiseberichte zündeten genauso wie seine Geschichten aus dem Wilden Westen. »Arbeit, Gelächter, Musik, Gefluche, Geraufe, Geschieße und Messerstecherei mit einer Leichenschau und einem Toten jeden Morgen zum Frühstück.« Mark Twain machte Reibach, und das nicht zu knapp. Er hatte sich an seine Beute herangeschlichen und ließ sie nicht mehr aus seinen Fängen. Erst recht nicht mit seinen Büchern. Sein Geheimnis: »Dinge so darstellen, dass die Leute, die ihn andernfalls hängen würden, glauben, er mache Spaß.« Anders gesagt: »Die Wahrheit zu erzählen, das ist der größte Witz in der Welt.«

»Es ist idiotisch, sieben oder acht Monate an einem Roman zu schreiben, wenn man in jedem Buchladen für zwei Dollar einen kaufen kann.« Glücklicherweise hat er sich nicht daran gehalten. 1876: *Tom Sawyers Abenteuer*. Mark Twains Erinnerungsreise in sein Kindheitsland. Tom Sawyer ist einer wie Astrid Lindgrens *Michel aus Lönneberga*. Ständig zu Streichen aufgelegt, die er so unschuldig wie übermütig vom Stapel lässt. Er hört gerührt die Predigt seiner gutmütigen Tante Polly, um ihr gleich darauf einen Pfannkuchen zu stibitzen. Eigentlich ist er ein guter Junge. Als seine große Liebe Becky Thatcher das Buch des Lehrers beschädigt, kassiert er für sie die Prügel. Geschickt ist er und schlau, schwänzt gern die Schule, schwimmt lieber im Fluss und fischt oder treibt sich mit dem Landstreicherjungen Huckleberry Finn herum. Tante Polly, die ihn und seinen Halbbruder Sid aufnahm, beide Waisenkinder, müht sich, ihn rechtschaffen zu erziehen, doch meist vergeblich. Tom ist nicht böse, im Gegenteil. Ausgekocht aber ist er in jedem Fall. Als er zur Strafe an einem warmen Sommertag Tante Pollys Gartenzaun streichen muss, ärgert ihn, dass seine Freunde zum Baden gehen. Er jedoch macht ihnen klar, dass Bretterstreichen das beste Spiel der Welt ist. Nun will jeder den

Pinsel. Tom sitzt faul daneben und lässt sie arbeiten. Er bekommt sogar Geschenke dafür. Rasch strahlt der Zaun im schönsten Glanz. Tante Polly ist entzückt und schenkt ihm zur Belohnung einen ihrer wohlgehüteten Äpfel. Alle seine Abenteuer aufzuzählen, und schon gar, wie er seine Schulliebe, die brave Becky Thatcher, erobert – unmöglich.

Eines der Abenteuer jedoch muss erwähnt sein. Als sich Tom gemeinsam mit Huck Finn nachts zum Friedhof schleicht, um mit einer toten Katze Warzen wegzuzaubern, beobachten sie versteckt einen Mord. Indianer-Joe, ein von allen gefürchtetes Halbblut, ermordet den Stadtarzt im Streit. Statt seiner aber wird der sturzbetrunkene Muff Potter eingelocht, der sich an überhaupt nichts erinnern kann. Tom und Huck würgt die Angst in der Kehle. Sie schweigen. Erst als Potter gehängt werden soll, rückt Tom Sawyer vor Gericht mutig mit der Wahrheit heraus. Er rettet Potter, doch danach leben er und Huckleberry Finn in ständiger Furcht vor der Rache des entkommenen Indianer-Joe.

Und sie begegnen ihm tasächlich wieder. Nachdem die beiden beschlossen haben, Schatzsucher zu werden, stöbern sie in einer alten Hütte Indianer-Joe auf, der das verwunschene Haus als Versteck nutzt. Sie belauschen ihn, erfahren von seinem Schatz. Sie werden nicht entdeckt, und auch nicht, als Tom Sawyer ihm in einer Höhle begegnet, in der er sich mit Becky Thatcher hoffnungslos verirrt hat. Nach Tagen erst finden sie einen Ausgang. Der Höhleneingang aber wird fest verschlossen, damit niemand so leicht mehr in Gefahr gerät. Pech für Indianer-Joe, der noch in der Höhle ist. Er verhungert, und Huck und Tom entdecken seine Leiche, als sie durch den versteckten Geheimeingang in die Höhle zurückkehren, um den Schatz von Indianer-Joe zu bergen. Mit einem Schlag sind sie reich – ganz zu Huck Finns Unglück, der zur Witwe Douglas gegeben wird, damit aus ihm ein sittsames Bürgerkind werde. »Er musste mit Messer und Gabel essen, musste Serviette, Tasse und Teller benutzen, musste Bibelsprüche lernen, musste zur Kirche gehen.« Nach drei Wochen hält Huck das alles nicht mehr aus. Er verschwindet, übernachtet wieder in Fässern, trägt seine heißgeliebten Lumpen, raucht unbekümmert seine Pfeife, isst, trinkt, geht zu Bett und steht auf, wann er will, plaudert, wie ihm der Schnabel gewachsen ist. Doch Tom überredet ihn, zur Witwe zurückzukehren.

Vorerst, denn das Ende von *Tom Sawyers Abenteuer* ist Jahre darauf, 1884, der Anfang von *Huckleberry Finns Abenteuer*. Die Geschichte beginnt mit Hucks versoffenem Vater, der sich das Schatzgeld unter den Nagel reißen will. Der Trunkenbold entführt Huck, doch der entkommt, und um nur nicht wieder eingefangen zu werden, legt er Spuren, die seinen Tod vortäuschen. Gemeinsam mit dem entlaufenen Sklaven Jim flieht Huckleberry Finn auf einem Floß den Mississippi hinab, seinen eigenen Abenteuern entgegen.

Tom Sawyers Abenteuer und *Huckleberry Finns*

Abenteuer waren Mark Twains Schatzkiste, die ihm das ersehnte Geld brachte. Die beiden Bücher machten ihn berühmt in aller Welt. Twain wenige Jahre vor seinem Tod: »Insgeheim bin ich mir bewußt, daß ich ein Lebensalter lang der gefeiertste Schriftsteller war, den Amerika je hervorgebracht hat.« Stimmt unbestritten. Der Ruhm blieb ihm, das Geld nicht. Wie Huckleberry Finn, so brachte auch ihm sein Schatz kein dauerhaftes Glück, denn was er hatte, war ihm nicht genug. Er wollte mehr, vor allem mehr Geld. Diese »Geldlust« verführte ihn zu den wunderlichsten Unternehmungen. Er wurde Erfinder. Mark Twain machte sich Gedanken über die Verbesserung der Bremsen von Zügen, entwickelte neuartige Hosenknöpfe, erdachte ein selbstklebendes Album, eine spiralige Hutnadel, einen Dampfflaschenzug. Ein sagenhaftes Vermögen aber versenkte er mit der Entwicklung einer Setzmaschine für Drucklettern, die schon veraltet war, bevor sie in Betrieb ging, und doch schrieb er sich aus den Schulden auch wieder heraus. Tom und Huck brachten weiter Gewinn und ebenso *Der Prinz und der Bettelknabe*, *Leben auf dem Mississippi* und die famose Geschichte *Ein Yankee aus Connecticut an König Artus' Hof*.

Der Yankee ist der Waffenfabrikarbeiter Hank Morgan. Nach einer Schlägerei erwacht er im Mittelalter des englischen Königs Artus. Ganz Amerikaner, mischt er den Hof von Camelot auf. Nur knapp dem Tod auf dem Scheiterhaufen entronnen, gilt er dank seines Wissens bald als Zauberer. Um seinen

Gegenspieler Merlin auszuschalten, sprengt er dessen Turm und wird so statt seiner zum zweiten Mann im Staat. Er führt das Geld als Zahlungsmittel ein, gründet eine Versicherung, baut eine Waffenfabrik, installiert Telegrafenleitungen – selbstverständlich mit einem satten Gewinnanteil für sich. Amerikaner machen Profit.

Anfangs vertraut ihm Artus, besonders, nachdem sie beide verkleidet durchs Land stromerten und als Sklaven gefangengenommen wurden. Sie versuchten zu fliehen, wurden geschnappt, ihre Hinrichtung aber verhinderte Morgan, weil er den Rittern des Königs telegrafierte, die auf Fahrrädern zu beider Rettung heranrauschten. Danach aber ist Schluss mit Rittertum, denn Morgan hat die Absicht, Adel, König, Kirche zu beseitigen. Alle Macht dem Volke. Amerikaner sind Demokraten. Bei einem Turnier besiegt er die Ritterschaft mit seinem Lasso, und weil Merlin mit einem Zauber für die Ritter eingreift, legt er sie mit seinem Colt um. Aber er macht die Rechnung ohne den Wirt. Er führt zwar Zeitungen ein, Schulen und Hochschulen, schafft die Sklaverei ab, bringt Dampfschiffe, Eisenbahnen, Telefone, Schreibmaschinen ins Land, und die Ritter der Tafelrunde werden zum Aufsichtsrat, doch zu tief sitzen die jahrhundertelang geschürten Ängste des Volkes. Als Morgan von einer Reise zurückkehrt, befindet sich das Land im Bürgerkrieg. In der Entscheidungsschlacht vernichtet er 25 000 Ritter mit Wasser, Elektrizität und modernen Waffen, in dem angehäuften

Leichenberg indes droht er zu ersticken, und um seinen Gegenspieler endlich loszuwerden, versetzt Merlin ihn in einen Zauberschlaf. Hank Morgan erwacht nach Jahrhunderten – und trifft Mark Twain, dem er seinen Bericht übergibt.

Viel deutlicher war der amerikanische Fortschrittsglaube nicht abzubürsten, gegen den sich Mark Twain heftig wehrte, weil der »amerikanische Traum« längst nicht mehr die vielbeschworene Freiheit, sondern weltweit Unterdrückung um des Gewinnes willen gebracht hatte. Twains Vorschlag: »Wir nehmen einfach unsere übliche Flagge, übermalen nur die weißen Streifen schwarz und ersetzen die Sterne durch einen Totenkopf mit gekreuzten Knochen.« Aus »Amerikas Spaßmacher« wurde der altersweise Mahner, der bis zuletzt nichts von seiner Scharfzüngigkeit einbüßte. Doch Böses wurde von ihm weder gern gehört noch gern gelesen. Der ergraute Herr, der am Tag fünfundzwanzig Zigarren rauchte, nächtelang Billard spielte, sommers wie winters weiße Leinenanzüge trug und im Bett arbeitete, war der Welt lieber. Und so wurden *Tom Sawyer* und *Huckleberry Finn* auch zu seinem Fluch. Sie hatten ihn nach oben gespült und zugleich nagelten sie ihn fest. Lustig ja, schimpfen nein. Auch er selbst wollte seinen Wohlstand nicht gefährden und ließ viele seiner Streitschriften lieber in der Schublade. Auch sie ein Schatz, der erst später zu heben war. Die meisten von ihnen kamen erst sehr lange nach seinem Tod heraus.

Bevor nun gleich die Anregungen »Piratenflagge«

und »Schatz« genutzt werden und es in einem der bekanntesten Bücher der Welt mit einer Schatzjagd weitergeht, noch ein paar Mark-Twain-Sätze. Sie sind gar so schön spitz und sagen mehr über ihn als alle Beschreibungen. »Ein Bankier ist ein Mensch, der seinen Schirm verleiht, wenn die Sonne scheint, und ihn sofort zurückhaben will, wenn es zu regnen beginnt.« – »Wasser, mäßig genossen, ist unschädlich.« – »Schlagfertigkeit ist etwas, worauf man erst 24 Stunden später kommt.« – »Je weniger Ahnung jemand hat, desto mehr Spektakel macht er und desto höheres Gehalt verlangt er.« – »Nichts bedarf der Besserung so sehr wie die Gewohnheiten anderer Leute.« – »Es gibt viele Mittel, sich vor Verführungen zu schützen, aber das sicherste ist die Feigheit.« – »Der grundsätzliche Unterschied zwischen einer Katze und einer Lüge ist, dass eine Katze nur neun Leben hat.« – Und noch ein letzter Satz der besonders minderbegabten Glaubenseiferern gewaltig hinter die Ohren zu schreiben ist: »Der Mensch ist das religiöse Tier. Er ist das einzige Tier, das die wahre Religion besitzt – sogar in mehreren Ausführungen. Er ist das einzige Tier, das seinen Nachbarn liebt wie sich selbst, und ihm den Hals abschneidet, wenn dessen Theologie schiefliegt.«

ICH MÖCHTE IN STIEFELN STERBEN
Robert Louis Stevenson

Die Schatzjagd: Eine steife Brise bläht die Segel. Die »Hispaniola« läuft gut vor dem Wind. Seit Wochen befinden sie sich auf ruhiger See. Kurs Südsüdwest. Fünfundzwanzig Mann an Deck. Einer ist über Bord gegangen. Das Ende der Reise ist nah. Der aufgehende Mond versilbert die Besanmastspitze und taucht das Focksegel in weißes Licht. Dann der Ruf des Ausgucks: »Land ahoi!« Querab des Schoners sehen sie zwei niedrige Berge, hinter denen ein dritter emporragt. Sein Gipfel ist vom Nebel umhüllt. Der Schiffseigner Trelawney hört die bellenden Befehle seines

Kapitäns Smollett. Die »Hispaniola« wird härter an den Wind gebracht und nimmt Kurs auf die Ostseite der Insel. Der als Schiffsjunge mitsegelnde Jim Hawkins hat vor Monaten aus einer Seekiste die Lagekarte der Insel an sich genommen und sie Trelawney gegeben. Die Karte wies ihnen den Weg, und ein Lied begleitete die Fahrt: »Fünfzehn Mann auf des toten Manns Kiste, Johoo – und 'ne Buddel voll Rum.« Sie haben sie gefunden: die Skelettinsel, auf der Captain J. Flint einst seine zusammengeraubten Schätze vergrub.

Schon bald wird der »Jolly Roger«, die schwarze Flagge mit dem Totenschädel, auch auf der »Hispaniola« gehisst werden, denn nur wenige der Besatzung sind rechtschaffene Seeleute. Die meisten gehörten davor zur Mannschaft des toten Piraten, und sie werden von Flints Steuermannsmaat Long John Silver angeführt, der sich als Schiffskoch eingeschlichen hat. Der einbeinige John Silver ist der Einzige, vor dem sich Flint je gefürchtet hatte, denn so gutmütig Silver sich gibt, so ruchlos ist er. Als der Anker fällt, beginnt in der Südsee ein Kampf auf Leben und Tod. Name des Buches: *Die Schatzinsel*. Name des Autors: Robert Louis Stevenson.

Blick zurück über die See nach Norden: Britische Insel, schottisches Hochland. Braemar, westlich von Balmoral, 1881. Robert Louis Stevenson war dreißig Jahre alt. Seine Lunge machte ihm zu schaffen, wie so oft. Fast die Hälfte seiner vierundvierzig Lebensjahre verbrachte er im Krankenbett, seinem »Bettdeckenland«. Erholte er sich, dann ging die Gier nach Leben gefährlich mit ihm durch, dann wurde er zum Kettenraucher und übernachtete bei Wind und Wetter im Freien. Der Name Stevenson stand in Schottland seit alters her für die Leuchtfeuer an den Küsten. Die Familie Stevenson hatte einen Leuchtturm nach dem anderen errichtet und war damit wohlhabend geworden. Sie gehörten zu Edinburghs angesehenen Bürgern. Aus Robert Louis Stevenson aber war kein Erbauer von Leuchttürmen geworden, anders als vorgesehen.

Die Sommer regenkühl, die Winter nebelkalt – Schottland schwächte den anfälligen Stevenson von früh an. Wochenlang marterte ihn der Husten. In die Schule ging er anfangs kaum. Zwei Stunden täglich waren ihm erlaubt worden, bis sein Kränkeln ihm auch das verbot. Zwei Jahre wurden Hauslehrer für ihn eingestellt, doch sie sahen ihn nur selten. Ein Wasserbett wurde für ihn angeschafft, weil er sich immer wieder wund lag. Und doch: Die zeitvertreibenden Geschichten des Vaters, der von Schiffen, Wegschänken, Räubern und alten Seebären erzählte, spann das Kind so begabt wie blitzgescheit zu munteren eigenen Geschichten fort. Die Erzählungen seiner strenggläubigen Kinderfrau aber von Mord, Totschlag, Hexenzaubereien, den Qualen der Hölle, den Foltern der Verdammten, den brennenden Sündern jagten ihm ein Grauen ein, das ihn angstvoll und schweißgebadet aus dem Schlaf schreckte. Die Abenteuererzählungen des Vaters und die Schreckgeschichten der Amme verschmolz er zu seinem künftigen Schreiben, in dem die Figuren immer zwei Gesichter haben werden. *Die krumme Janet*, *Der Leichenräuber*, *Die Schatzinsel*, *Der seltsame Fall von Doktor Jekyll und Mister Hyde*, *Entführt* – das Böse lauert in Stevensons Abenteuergeschichten überall. Selbst »die Guten« sind bei ihm nicht nur gut. Trelawney, der Schiffseigner der »Hispaniola«, und deren Schiffsarzt Livesey brechen nicht aus Fernweh in die Südsee auf, sondern um wie die Piraten an Bord den Schatz in ihre Hände zu bringen. Sogar der Schiffsjunge Jim Hawkins, der die Schatzkarte aus Billy Bones Seekiste stiehlt, schießt ohne zu zögern den verletzten Seeräuber Israel Hands nieder, als der ihn angreift.

Der junge Stevenson hingegen: Krankheit, Genesung, dann wieder Krankheit. Er hinkte hinterher, doch er holte Versäumtes nach, trat in die höhere Schule ein, in der er nicht für voll genommen wurde. Zu verzärtelt. Seine Kinderfrau begleitete ihn auf dem Schulweg, achtete auf das dick eingepackte »Jungchen«, das bei Regen vor der ganzen Klasse die nassen Strümpfe tauschen musste. Eines aber hatte er seinen Schulkameraden voraus: seine Erholungsreisen nach überstandenen Krankheiten vom rauen Schottland in den warmen Süden. In England zu den Steinsetzungen von Stonehenge oder auf die vorgelagerte Isle of Wight, an den Rhein, an Frankreichs Südküste, nach Italien.

Und ein Zweites gab ihm Vorsprung: das Anlesen gegen die Langeweile des Krankenbetts. Er gewöhnte sich an, stets zwei Bücher bei sich zu haben. Eines zum Lesen, das andere war ein Notizbuch, um seine Einfälle festzuhalten. Die Eigenart dabei: Baute er die Ideen zu Geschichten aus, schrieb er sie meist nicht selbst auf. Er feilte, drehte, wendete sie in seinem Kopf, bis er sie druckreif einem armen Mitleidigen ellenlang diktierte. »Sobald ich des Schreibens kundig war, schloß ich gute Freundschaft mit den Papierfabrikanten.« Mit überschaubarem Ergebnis. »Ich war erfolglos und wußte es, versuchte wieder und wieder und hatte immer noch keinen Erfolg. Er stellte sich überhaupt nicht ein.« Noch nicht.

Hochschule von Edinburgh. Der Wille des Vaters: Ingenieurstudium. Der Wille des Sohns: vom Schreiben leben. Beides ging nicht zusammen. »Ich neigte seinerzeit dazu, jeden Professor für einen Scherz zu halten.« Hörsaal? Für Stevenson ein Fremdwort. Sofern er ihn überhaupt betrat, saß er eifrig schreibend in der letzten Reihe, doch nicht um die Vorlesung festzuhalten, sondern um »eigenen Mist zu Papier zu bringen«. Stevenson schmiedete ununterbrochen seine Tagträumereien zu unausgegorenen Geschichten, und er strolchte herum. In einem Liebhabertheater trat er mit Lust, aber grauenvoll unbegabt auf, er verliebte sich hoffnungslos in eine Verheiratete, trank sich durch die Spelunken, entdeckte das Wandern für sich, das Übernachten im Freien und nächtliche Spaziergänge mit der Laterne in der Hand, er rauchte in Kellerkneipen Haschisch, saß in Freudenhäusern oder Hafenschänken. Die grölend betrunkenen Piraten auf der Schatzinsel: Stevenson wusste, wovon er schrieb.

»Ich frage mich, was zum Teufel die Leute wohl von mir denken!« Hochgewachsen, schmale Schultern, Schnurrbart, langes, ungewaschenes Haar, blaue Samtjacke, trauernd bedrückter Blick – sie hielten den Schlaks für einen auf Künstler getrimmten Gecken, der, beständig rauchend, die angegriffene Lunge marternd, sein geringes Taschengeld rasch verplemperte. Stevenson wurde kurz gehalten. Eigenes Geld hatte er keins. Mit ihm umzugehen lernte er so freilich nicht. Was er verdiente, rann ihm sein Lebtag lang durch die Finger. Stevenson, der »Sünder im Fleisch«: Heiratsabsichten mit einem Hafenmädchen wurden unterbunden, die Liebelei zur Gattin eines trunksüchtigen Pfarrers lief ins Leere, doch zumindest für seine Zukunft wurde zwischen ihm und den Eltern ein Handel abgeschlossen. Wenn er einen Brotberuf erlernt, werde ihm im Gegenzug beim Schreiben kein Knüppel zwischen die Beine geworfen. Gemacht. Robert Louis Stevenson trug sich für Rechtswissenschaften ein, die er, wenn auch verbummelt, tatsächlich abschloss, ohne sich sonderlich auf die Prüfungen vorzubereiten. Dazwischen Rückschläge durch seine Krankheiten, die ihm immer wieder alle Lebensplanungen durchkreuzten.

Stevenson, der Anwalt, kam zwar nicht über ein Kanzleischild hinaus, Stevenson, der Schriftsteller, dagegen schritt voran. Er hatte Wort gehalten, und seine Eltern hielten nun das ihre und statteten ihn mit Unterhaltsgeld aus, das sich, kaum gegeben, bei ihm in Luft auflöste. Jahre der Schreibversuche standen ihm noch bevor und Jahre der Krankheit und der Reisen, in denen er nur knapp Verfall und Tod entkam. Dazwischen immer wieder seine Lebenssucht: Reise auf einem Schoner zu den Hebriden, deren Erfahrungen er für *Die Schatzinsel* nutzte, eine Kanufahrt, die bei anhaltendem Schlechtwetter zur Überlebensübung geriet, eine Wanderung in Frankreich, bei der er wegen seines Landstreicheraussehens eingesperrt wurde.

Gleichfalls in Frankreich eine schicksalhafte Begegnung: Fanny Osbourne. Amerikanerin, sechsunddreißig, zehn Jahre älter als er, verheiratet mit einem Schürzenjäger, zwei Kinder. Lloyd, der Sohn, Belle, die Tochter, in die sich Stevenson verschaute, ehe er sich der Mutter zuwandte, die, wie er, eine Zigarette nach der anderen rauchte. Damals unerhört. Rauchen war Männersache. Ihr Gatte: Captain im Amerikanischen Bürgerkrieg, dann Minenarbeiter, dann Gerichtsschreiber, der jedem Rock hinterherlief. Mal lebten sie zusammen, mal nicht. Nach Frankreich war sie ohne den Ehemann gekommen. Hatte Stevenson bis dahin für Zeitschriften geschrieben, so brachte sie ihn nun zu gehaltvolleren Erzählungen, von denen dennoch weiter nicht zu leben war. Stevenson zog mit ihr zusammen. Er dachte an Heirat, sie aber nicht an Scheidung. Im Gegenteil. Für einen letzten Eherettungsanlauf buchte Fanny eine Schiffspassage in die USA. Stevenson blieb eifersüchtig, verzweifelt, voller Kummer zurück, bis sie ihm nach Jahr und Tag schrieb, sie lebe wieder mit ihrem Gatten, sei aber krank und elend. Kein Halten mehr. Stevenson hetzte ihr nach. Seine Eltern waren entsetzt. Die? Bloß nicht.

Zehn Tage auf See. Stürmische Überfahrt und schlechtes Essen schwächten Stevenson. An Land schlief er in einer erbärmlichen Absteige und versuchte vergebens, seine Geschichten zu verkaufen, um an mehr Geld zu kommen. Schließlich bestieg er völlig durchnässt vom Dauerregen den Zug, der den Fiebergeschüttelten in elf Tagen von der Ostküste Amerikas zur Westküste brachte. Als er dann endlich vor der Angebeteten stand, war sie nicht sonderlich erfreut. Ihr Mann hatte sie wiederum mit den Kindern sitzen lassen, aber Scheidung? Stevenson war am Boden zerstört. »Ich gehe irgendwohin hinaus ins Freie zum Kampieren; das ist alles, was ich weiß. Heute verschwinde ich und werde drei Wochen zelten.« Inmitten der Wildnis der Zusammenbruch. Tagelang lag er hilflos in den Bergen, bis er gefunden und in einer Hütte mildtätig gepflegt wurde.

Zurück in Fannys Nähe, litt er vor sich hin. Husten, Lungenbluten, kaum Geld. Seine Anhänglichkeit aber erweichte sie. Auf die ersehnte Scheidung folgte die Hochzeit und zugleich eine Nachricht der Eltern aus der Heimat, die noch nichts von der Heirat wussten: »250 Pfund jährlich für dich.« Genug für einen, nicht genug für vier Mäuler. Die Flitterwochen verbrachten sie wenig anheimelnd in einer verlassenen

Bergarbeitersiedlung. Eine ausgestorbene Geister-
stadt. Danach aber die Rückreise nach Schottland.
Die Eltern warteten an der Pier auf den vor einem
Jahr verschwundenen Stevenson – und waren, o
Wunder, von seiner Gattin begeistert. Stevenson
selbst jedoch hing zwischen Leben und Sterben.
Die Reisetorturen waren zu viel gewesen. Abreise in
die Schweizer Berge und Woche um Woche die Öd-
nis einer Lungenheilanstalt, die wenig Besserung
brachte.

Rückkehr nach Schottland, Braemar, 1881. Gelangweilt zeichnete der bettlägerige Stevenson die Karte
einer Insel, und je weiter er sie ausführte mit Bergen,
Wäldern, Ankerplätzen, desto mehr entzündete sich
an ihr seine Erfindungsgabe. »Die künftigen Gestalten des Buches traten dort in den phantastischen
Wäldern in Erscheinung, und braune Gesichter und
glänzende Waffen schauten mir aus ihren Schlupf-
winkeln entgegen, ich sah sie im Kampfe und auf der
Jagd nach dem Schatze sich auf diesen paar Fußbreit
flachen Bodens tummeln. Das nächste war, wie mir
erinnerlich ist, daß ein Blatt Papier vor mir lag, worauf ich eine Liste von Kapiteln schrieb.« Der Anfang
war gemacht. Bald schon stach die »Hispaniola« in
See zu der Fahrt in ihrer aller sicheren Tod – den der
Schiffsjunge Hawkins verhindert. In der Nacht vor
der Landung auf der Schatzinsel belauscht er die
Piraten an Bord. Er deckt die Meuterei auf, der die
wenigen Getreuen mit Mühe entrinnen. Sie erreichen
die Insel, besetzen Flints altes, palisadenumstandenes

Blockhaus und knallen jeden Piraten ab, der ihnen vor die Flinte läuft. Doch auch die wenigen Belagerten erleiden Verluste. Ihre Lage ist so elend wie die des Robert Louis Stevenson.

Die Schatzinsel ging ihm zuerst rasch von der Hand, doch dann stockte sie. Das tägliche Vorantreiben der Geschichte nahm ihn mit. So blieb die »Geschichte für Buben« liegen, eine abermalige Krankheitsreise in die Schweiz stand an. »Nachdem ich mein Reiseziel erreicht hatte, setzte ich mich eines Morgens an meinen unbeendeten Roman und siehe da! Wie eine leichte Plauderei entfloß es mir der Feder.« Er führte *Die Schatzinsel* zu Ende, und das Buch wurde der Erfolg des Robert Louis Stevenson. Piraten, Seefahrt, ein Papagei auf der Schulter des Piratenanführers, eine Schatzinsel, ein Skelett, das den Weg zum Schatz weist, doch vor allem die gefährlichen Abenteuer, die der Schiffsjunge Jim Hawkins glücklich besteht, ob als Gefangener Long John Silvers oder als Retter der gekaperten »Hispaniola«, die er unter Lebensgefahr ganz allein den Piraten wieder abjagt – eine Mischung, die zündete, auch weil die Guten eben nicht nur gut und die Bösen nicht nur böse sind.

Trelawneys Männer lassen am Ende die wenigen überlebenden Piraten mit geringen Vorräten mitleidlos auf der Insel zurück, der Schatz aber macht nur die Anführer reich. »Wieviel Blut und Leid an ihm klebte, bis er beisammen war, wieviel gute Schiffe in den Grund gebohrt wurden und wie viele brave

Männer mit verbundenen Augen über die Planke gehen mußten, wieviel Kanonenschüsse, Schandtaten und Grausamkeiten nötig waren, das vermag wohl kein lebender Mensch zu sagen.« Das aber stört weder Trelawney noch Livesey noch Smollett noch Hawkins, die von dem Blutgeld gut leben.

So weit, so gut, wären da nicht das Ende des Buches und ein Gerücht, das sich um die Schatzkarte rankte, die Stevenson für das Buch gezeichnet hatte. Die ursprüngliche Karte war verloren gegangen, im Buch wurde eine ganz andere abgedruckt. Dazu das Ende des Buches: »Soviel ich weiß, liegen das Barrensilber und die Waffen noch dort, wo Flint sie vergraben hat.« Ein Gutteil des Schatzes noch immer auf der verborgenen Insel, die eigentliche Schatzkarte angeblich verloren? Bald raunte man, Stevenson habe die Schatzkarte nicht erfunden, sie sei echt gewesen, schon weil der immer klamme Schriftsteller wenige Jahre später Schottland endgültig verlassen wird, um in die Südsee zu reisen. Auf Samoa wird er sich niederlassen, ein großzügiges Haus bauen, zwölf eigene Diener anstellen und immer wieder zu den Inseln vor seinem Strand hinaussegeln. Die Kosten für die Einrichtung, den Unterhalt, den weiteren Ausbau waren gewaltig. Mit Schreiben allein sei das nicht recht zu verdienen, auch nicht mit dem zweiten großen Erfolg Stevensons: *Der seltsame Fall von Doktor Jekyll und Mister Hyde*. Stevenson und der Schatz: Das Gerücht war geboren. Bei allem Schreiberfolg aber blieb Stevenson stets am Boden haften. »Natürlich ziehe ich das richtige Leben der Kunst vor, und es ist eine weitaus schönere Sache, verliebt zu sein oder sich einer Gefahr auszusetzen, als das schönste Bild zu malen oder das beste Buch zu schreiben.«

1886 erschien Stevensons Geschichte des Arztes Henry Jekyll. »Jekyll« und »Hyde« – sie stehen seitdem sprichwörtlich für die Spaltung einer Persönlichkeit. »Jekyll« gleich gut. »Hyde« gleich böse. Dr. Henry Jekyll ist angesehen, forscht, lebt zurückgezogen und gilt als hervorragender Gentleman. Aber: Er hat eine Droge entwickelt, die das schlummernde Böse in ihm weckt. Nimmt er sie, verwandelt sich Jekyll in Hyde, und je öfter er sie nimmt, desto mehr tritt Hyde hervor, dessen Niedertracht und Grausamkeit die Oberhand gewinnen. Der gut gekleidete Jekyll wird dann zum heruntergekommenen Hyde, sein Gesicht wird zur Fratze, bis er die Verwandlung nicht länger zu steuern vermag. Bald tritt Hyde auch ohne Droge hervor und schreckt selbst vor einem Mord nicht zurück. Ist Jekyll süchtig? Ja. Nach der Droge? Nein. Er wird abhängig vom Bösen. Jekyll genießt, der gewissenlose Hyde zu sein. »Aus jeder Dosis fremder Qual trank er mit tierischer Gier seine eigene Lust, rücksichtslos wie ein Mensch aus Stein.« Wie Doktor Frankenstein in Mary Shelleys *Frankenstein oder Der moderne Prometheus* kann Jekyll nicht mehr beherrschen, was er geschaffen hat, und wie in *Die Schatzinsel* ist der Menschenfreund Jekyll eben nicht nur gut. Eine helle

Tag- und eine dunkle Nachtseite ist in ihm, und sie gehören untrennbar zueinander.

Geschrieben wie ein Kriminalroman, hat *Der seltsame Fall von Doktor Jekyll und Mister Hyde* Vorläufer. Zu ihnen gehören der Mönch Medardus aus E. T. A. Hoffmanns *Die Elixiere des Teufels* oder Cardillac aus Hoffmanns *Das Fräulein von Scuderi*. Cardillac arbeitet tags als angesehener Goldschmied, nachts aber mordet er. In Medardus werden die finsteren Mächte entfesselt, als er die Elixiere des Teufels trinkt. Immer wieder begegnet ihm danach ein mordender Doppelgänger. Stevensons eigentliches Vorbild aber war der gehängte William Brodie, ein Kunsttischler, der in Edinburgh gelebt hatte. Auch er tagsüber ein geschätzter Handwerker, in der Nacht aber ein Mörder, von dem schon Stevenson als Kind gebannt war, weil ein kostbares Schränkchen des Tischlers in seinem Kinderzimmer gestanden haben soll. Eingefallen war ihm *Doktor Jekyll und Mister Hyde* übrigens in einem Albtraum, aus dem er geweckt worden war, gerade als Jekyll zu Hyde wurde. Daraufhin schloss er sich drei Tage zum Schreiben ein, alsdann las er die Blätter seiner Frau vor, der sie nicht gefielen. Zu ihrem Schrecken pfefferte er sie ins Kaminfeuer. Noch mal drei Tage, bis die Geschichte stand. Sie wurde ein wahrer Verkaufsschlager. Sogar Geistliche flochten sie in ihre Predigten ein. Der Rückschlag indes ließ nicht lange auf sich warten. Als sein Vater beerdigt wurde, war Stevenson zu krank, um auf dem Friedhof dabei zu sein.

Das Wetter der Britischen Insel brachte ihn schleichend um. »Was um Himmels willen hält das Schicksal für RLS bereit, der 1. keinen mehr draufmachen, 2. nicht mehr gehen, 3. nicht mehr trinken, 4. nicht mehr segeln und 5. nicht mehr rauchen darf. So sieht die Sache aus.« Das Schicksal hielt den Aufbruch der Stevensons in die Südsee bereit, mitsamt Mutter und Dienstmädchen, um dem kaltnieseligen England zu entfliehen. Ankunft in New York. Der Dampfer »Ludgate Hill« nahm zwei Hafenlotsen an Bord. Der schlecht gelaunte der beiden wurde von den Amerikanern »Hyde« genannt, der gut gelaunte »Jekyll«. Stevenson wird geschmunzelt haben, auch weil die Zeit der Geldsorgen seit *Jekyll und Hyde* für ihn einigermaßen vorbei war. Er war berühmt, er verdiente ordentlich. Weiterreise nach Kalifornien. Sie gingen an Bord der »Casco«, und der brummige Kapitän bereute die Entscheidung, sie monatelang mitzunehmen. Frauen an Bord, die sich bald unschicklich in Südseegewänder wickelten: nicht gut. Prüfungsfragen, ob er *Die Schatzinsel* gelesen habe: nicht gut. Stevensons Mutter, die auf Tischgebete bestand: gar nicht gut.

Für Stevenson war die Seereise erholsam. Doch die Marquesas-Inseln, Tahiti, Hawaii enttäuschten ihn. »Alles ein einziger Schwindel.« Die »Menschenfresserinseln« waren keine. Stevenson fand die »Wilden« gesitteter als sich selbst. »Ich lernte einen alten Häuptling namens Ko-o-amua kennen, seinerzeit ein gewaltiger Kannibale, der seine Feinde aufaß, sobald er sie getötet hatte und wieder zu Hause war – der Mann ist ein perfekter Gentleman, ausgesprochen liebenswert und unkompliziert; durchaus kein Dummkopf.« Wechsel auf den Handelsschoner »Equator«. Das Kindermädchen ließen sie zurück. Fanny Stevenson hatte darauf bestanden. Sie hatte ihrem Gatten zu schöne Augen gemacht. Weiterfahrt über die Gilbert-Inseln nach Samoa. Stevenson ahnte zu Recht: »Ich glaube nicht daran, England noch einmal wiederzusehen.« Seine Lunge verbot eine Rückkehr.

Fünf Jahre blieben ihm noch, in denen er aufrecht im Bett sitzend immer wieder litt. »Ich möchte in Stiefeln sterben; kein Bettdeckenland mehr für mich! Zu ertrinken oder erschossen zu werden, vom Pferd zu stürzen – ja selbst gehenkt werden, alles ist besser.« Er schrieb viel, aber ein weiterer Erfolg stellte sich nicht mehr recht ein. Die meisten Geschichten brach er ab oder sie blieben im Entwurf stecken.

Die Krankheits- und Schreibjahre in der Südsee waren dennoch zugleich Abenteuerjahre. Bei einer Australienreise explodierte eine Ladung Feuerwerkskörper, und Fanny Stevenson verhinderte den Schiffsbrand. Nur mühsam hielt sie die Matrosen ab, einen brennenden Koffer mit Stevensons Manuskripten über Bord zu werfen, und auf Samoa galten die Stevensons bei den Weißen als überspannt, weil sie die Gewohnheit hatten, barfuß herumzulaufen. Seine Diener kleidete er in flammend rote Lendentücher, der Farbe der schottischen Könige. Bei den Einheimischen hingegen war Stevenson hoch angesehen.

Sie nannten ihn »Tusitala«, Geschichtenerzähler. Bald scharte er den gesamten Clan der Stevensons um sich, und sein neu erbautes Haus verschlang ein Vermögen. Bauholz, Nägel, Farbe, Fensterglas mussten aus Übersee beschafft werden, und ein Kamin wurde gemauert, um seine im Fieber durchgeschwitzten Bettlaken zu trocknen. Für die Samoaner ein echtes Ereignis.

Ein friedvoller Ort in einer friedlosen Zeit. Samoa war Zankapfel der Handelsmächte Amerika, Großbritannien und Deutschland. Ein Aufstand brach aus, um besonders die deutschen Handelsherren zu bekämpfen, die ihre Tugenden den »faulen Wilden« mit der Peitsche einprügelten. Stevenson beriet die einheimischen Krieger, und er selbst hatte sich sechs Colts bestellt. Die Revolver hingen zwar nur an der Wand des Arbeitszimmers, brachten ihn aber in Verdacht, den Kampf als Waffenhändler zu unterstützen. Deutschland drohte ihm mit Verhaftung, die indes unterblieb. Stevenson war zu angesehen. Die Kämpfe waren erbittert, doch zu gewinnen war der Aufstand nicht. Zu groß die Übermacht der Kolonialherren, die das Gemetzel rasch beendeten.

Kriegsbedrohung und Geldsorgen durch den Hausbau aber hatten schlimm an Stevenson genagt. Er wurde schwach und schwächer. Auch Fanny Stevenson wurde zusehends schwermütig. Sie aß wenig, wollte keinen sehen, schwieg tagelang. Eine bleibende geistige Verwirrung war nicht mehr auszuschließen. Heimweh tat ein Übriges. »Hier ist mein Haus, und hier wird mein Grab sein; aber daß beides nicht in Schottland ist, tut schon weh. Das werde ich niemals verwinden können.« Am Abend des 3. Dezember 1894 fasste sich Stevenson mit beiden Händen an den Kopf. Dann brach er zusammen. Hirnschlag. Er wurde in einen Schaukelstuhl gesetzt, dann auf eine Liege gelegt. Zu spät. Die Todesnachricht verbreitete sich auf der Insel wie ein Lauffeuer. Die Einheimischen kamen zum Bett des Verehrten, küssten ihm die Hände, hielten Totenwache.

Am nächsten Morgen bahnten sie mit Äxten und Haumessern einen Weg durch den Urwald auf den nahen Gipfel des Vaea. Stevenson hatte gewünscht, auf ihm beerdigt zu werden. Die Stammesführer verboten auf immer die Jagd bei seinem Grab, damit fortan die Vögel ungestört über ihm singen.

WORTE SIND GNADENLOS
Oscar Wilde und Edgar Allan Poe

Der Gefangene C.3.3, England, 1895, das Zuchthaus von Reading. »Das Essen der Gefangenen ist völlig unzureichend, das meiste davon ekelerregend.« Gerade genug bekam er, um am Leben zu bleiben. »Ständig wird man von qualvollem Hunger gepeinigt.« Hafergrütze, schlecht gebackenes Brot, Nierenfett und Wasser führten zu andauerndem Durchfall, die aus blanken Brettern bestehende Pritsche zu Schlaflosigkeit. Erst nach langer Haft wurde eine Matratze gewährt. Ein kleiner Blecheimer in der Zelle, der nachts gar nicht, tags nur selten geleert wurde. Eine

Stunde Hofgang, dreiundzwanzig Stunden Einschluss. Arbeit in der Zelle. Der Gestank unerträglich. Öffneten die Wärter morgens die Zellen, übergaben sie sich häufig. Briefe zu schreiben oder zu erhalten war nur einmal in drei Monaten erlaubt. »Zu ewiger Stille verdammt, aller Bindung mit der Außenwelt beraubt, wie ein unverständiges Tier behandelt, bestialischer behandelt als die niedrigste Bestie, kann der Elende, der in einem englischen Gefängnis eingeschlossen ist, kaum dem Wahnsinn entrinnen.«

Zu zwei Jahren Zuchthaus mit Zwangsarbeit war er verurteilt – und das ihm, der stilsicher auf sehr großem Fuß gelebt, der Luxus und Eleganz über alles gestellt hatte. »Ich habe einen ganz einfachen Geschmack: immer nur das Beste.« Nicht ein Hafttag wurde ihm erlassen. Sein gesamter Besitz war gepfändet worden, seine Frau und seine Kinder sah er nicht wieder – noch in der Nacht seiner Entlassung floh er aus England, um dann nach drei ruhelosen Jahren im Hôtel d'Alsace in Paris völlig verschuldet zu sterben. »Als ich klein war, glaubte ich, Geld sei das Wichtigste im Leben. Heute, da ich alt bin, weiß ich: es stimmt.« Der Gefangene C.3.3: Oscar Fingal O'Flahertie Wills Wilde, Ire, geboren in Dublin, 1854 bis 1900. Er hatte kein Verbrechen begangen. Die Gesellschaft hatte sich an ihm gerächt.

»Der einzige Weg, eine Versuchung loszuwerden, ist, ihr nachzugeben.« – »Man umgebe mich mit Luxus. Auf das Notwendige kann ich verzichten.« – »Allem kann ich widerstehen, nur nicht der Versuchung.« Kunstverliebt, dem guten Leben zugetan, Salonlöwe, stets bereit, mit einer messerscharfen Bemerkung zu erheitern oder einen Gegner niederzustrecken: ein Wortmaler, ein Sprachmusiker, dem Sätze ein wundervolles Flitterwerk waren zum Spielen und Basteln. Oscar Wilde, der lastervolle Dandy, der geschmackvolle Lebemann, der müßiggehende Gentleman, der sich nur mit ausgesucht Erlesenem umgab. Viele eiferten ihm nach, viele verlachten ihn als eitlen Geck, als überspannten Stutzer, als Faulpelz und Tagedieb. »Ich verschiebe niemals auf morgen, was sich auch übermorgen erledigen läßt.« Unsummen gab er für überdrehte Kleidung aus, für Möbel, für seltene Bücher – sofern er sie bezahlte. »Nur Leute, die ihre Rechnungen bezahlen, brauchen Geld, und ich bezahle meine nie.«

Er wurde auf den besten Schulen erzogen, brachte sie traumwandlerisch mühelos hinter sich und war damals schon ein großer Spötter vor dem Herrn. »In Prüfungen stellen Narren Fragen, die Weise nicht beantworten können.« Abschluss in Oxford mit Auszeichnung, wofür andere Jahre des Paukens brauchten. Er büffelte nur die Wochen vor der Prüfung, widmete sich sonst lieber dem Anmutigen und Schönen sowie den Verlockungen des gepflegten Nichtstuns. »Arbeit ist der Fluch der trinkenden Klassen.« Seine Wohnung gestaltet er mit blauem Porzellan und weißen Lilien zum Kunstwerk. Erlesene Weine, ausgewählte Bilder. »Heutzutage kennen die Leute von allem den Preis und von nichts den Wert.«

Mit hervorlugendem lachsrotem Seidentüchlein zwischen Hemd und Weste oder mit pfauenblauem Binder, grünem Frack, Kragen und Ärmel mit Seehund- oder Otternfell besetzt – er liebte den aufreizend großen Auftritt, für den er Jubel oder Verachtung erntete. Hauptsache auffallen. »Nur eines ist schlimmer als in aller Munde zu sein: nicht in aller Munde zu sein.« Die feine Gesellschaft der Reichen und Schönen war seine Bühne, die er mit sprühender Selbstverliebtheit bespielte. In Oscar Wilde aber bloß einen Zieraffen zu sehen, der Stunden vor dem Spiegel verbringt, bis der Sitz des Halstuchs wirklich gelungen ist, oder der, wie der Schriftsteller Charles Baudelaire, mit angeleinter Schildkröte so langsam spazierengeht, dass ein jeder ihn ausgiebig betrachten kann, das wäre grundfalsch.

»Die Anzahl der Neider bestätigt unsere Fähigkeiten.« Er war eitel und überheblich, aber eines war er nicht: unfähig, und er war zu einem Wortführer geworden, dessen Meinung gehört wurde. Beides wird nur selten verziehen. »Jeder Erfolg, den man erzielt, schafft uns einen Feind.« Ihm erwuchs ein Feind nach dem anderen, denn er nahm kein Blatt vor den Mund, auch nicht beim Schreiben, von dem er nie verstand, warum so ein Aufhebens darum gemacht wurde, schließlich brauche man nur die Feder in ein Whiskeyglas zu tauchen. Er würzte seine Gespräche und Artikel mit dem Pfeffer der »Bonmots«, treffende Worte, die zielsicher saßen. Oscar Wilde war ein Sucher seiner Wahrheit, und war er überzeugt, sie gefunden zu haben, dann stand er für sie ein. Er schrieb für Zeitschriften, wurde tonangebender Mode-, Kunst- und Gesellschaftskritiker, ehe er zum Schriftsteller ausreifte. Sein erstes, noch unbedeutendes Theaterstück hatte so viele gewitzte Anspielungen auf das Irland unterdrückende England, dass die Aufführung verboten wurde. Im Gegenzug nahmen ihn die englischen Zeitungen dafür aufs Korn. Sie stellten ihn als aufgeblasene Witzfigur hin.

Wilde war diese Werbung sehr willkommen. Sie machte ihn bekannt. Er ging auf Reisen, besuchte die Salons und Gentlemanclubs, in denen er Hof hielt. Wilde, der König der Klatschspalten. Sich wie er zu kleiden, wurde zum letzten Schrei für die verschwenderischen Geldsöhne der »jeunesse dorée«, der goldenen Jugend. »Mode ist, was man selbst trägt. Altmodisch ist, was die anderen tragen.« Bei den Töchtern hatte er weniger Glück. Entsprechend seine Ansichten zur Damenwelt. Kleine Auswahl: »Wer eine gute, verständige und schöne Frau sucht, sucht nicht eine, sondern drei.« – »Junggesellen sollten hohe Steuern zahlen. Es ist nicht gerecht, dass einige Männer glücklicher sein sollen als andere.« – »Wenn Sie wissen wollen, was eine Frau wirklich meint – was übrigens immer ein gefährliches Unterfangen ist – sehen Sie sie an und hören Sie ihr nicht zu.« – »Die Männer heiraten, weil sie müde sind, die Frauen, weil sie neugierig sind. Beide werden enttäuscht.« – »Ein Mann kann mit jeder Frau glücklich werden, solange er sie nicht liebt.« – »Die Ehe ist ein Versuch, zu zweit wenigstens halb so glücklich zu werden, wie man allein gewesen ist.« – »Die Liebe beginnt damit, dass man sich selbst betrügt, und sie endet damit, dass man andere betrügt.« Gerechterweise sagte Wilde aber auch: »Wenn wir Männer die Frauen bekämen, die wir verdienen, könnte uns nichts Schlimmeres passieren.«

Oscar Wilde lag Theaterdiven vergebens zu Füßen wie Lillie Langtry, die, für ihn ruffördernd, zugleich vom Prinzen von Wales umworben wurde, er schwärmte umsonst Florence Balcombe an, die lieber Bram Stoker heiratete, der *Dracula* schrieb, und auch Violet Hunt, Schriftstellerin und »femme fatale«, wies ihn ab. Wildes Suche nach einer geeigneten Frau, vorzugsweise mit ordentlicher Mitgift, endete erst mit Constance Lloyd, die ihn nahm. Über die Hochzeitsfeier wurde selbst in Übersee berichtet, und Braut und Brautjungfern trugen Kleider, die Oscar Wilde entworfen hatte. Die Heirat aber war für Wilde eine Vernunftehe, hinter der er sich versteckte. »Eine Maske sagt mehr als ein Gesicht.« Und Oscar Wilde trug eine Maske. Er liebte keine Frauen, er liebte Männer, die der Weg in seinen Untergang wurden, nachdem er als Schriftsteller nicht allein den Abendgesellschaften, sondern dem ganzen Land bekannt geworden war.

Oscar Wilde verstand sich auf mehr als gedrechselte, nur scheinbar mit leichter Hand hingeworfene Bemerkungen. Kaum einer vermochte Worte so zu setzen, Sätze so zu schleifen wie er, und sein bekanntestes Buch tritt dafür den Beweis an: *Das Bildnis des Dorian Gray*, die Geschichte eines Jünglings, der seine Seele verkauft, um sein Leben fortan ungestraft zerstörerischen Ausschweifungen zu widmen.

Dorian Gray: Drei Gentlemen, reich, wohlerzogen, Schönheit und Luxus hingegeben. Der Maler Basil Hallward, Lord Henry Wotton und der junge, wunderschöne Dorian Gray. Das Bild, das Hallward von Dorian Gray malte, ist das Meisterwerk seines Lebens und weckt Lord Wottons Neugier. Hallward aber, der schwärmerisch von Dorian Gray wie von einer Geliebten spricht, weigert sich, Dorian dem Lord vorzustellen, denn er fürchtet dessen schlechten Einfluss auf den unverdorbenen Zwanzigjährigen. Zu Recht, denn als sie sich treffen, verführt ihn Wotton zum rücksichtslosen Ausleben seiner Jugend. Mit seiner Schönheit könne Dorian alles tun, alles erreichen, alles genießen, was das Leben biete. »Aber Sie haben nur ein paar Jahre, in denen Sie wirklich, vollständig und vollkommen leben können.« Komme das Alter, komme der Verfall. Ohne sein gutes Aussehen sei er dann nichts mehr.

Dorian Grays Verlangen ist geweckt. Um ewig jung und schön zu bleiben, wünscht er mit der Kraft eines Gebets, sein Bildnis, das Hallward ihm geschenkt hat, möge statt seiner altern. Gewährt. Speisen, Trinken, Theater, Oper, die feinen Zirkel feiner Damen. Überall wird Dorian Gray bewundert. Er aber bewundert eine junge Schauspielerin, mit deren Liebe er spielt. Sie bringt sich um. Gray jedoch schiebt mit leichter Hand alle Schuld von sich. Dann aber betrachtet er sein Bildnis, das mit den Spuren seiner Schuld gezeichnet ist: »Das flirrende, glühende Sonnenlicht zeigte ihm die grausamen Linien um den Mund so deutlich, wie wenn er nach einer schrecklichen Tat in den Spiegel sähe.« In das Gesicht des Bildes gräbt sich von nun an der Verfall seines Körpers und seiner Seele ein. »Es barg das Geheimnis seines Lebens und erzählte seine Geschichte.« Weil nur das Bild und nicht er die Zeichen seiner Zerrüttung trägt, lässt Dorian Gray alle Hemmungen fahren. Mit ausgesuchter Grausamkeit zeigt er dem Maler das grauenvoll gewordene Porträt, dann bringt er ihn um. Schöne Frauen, junge Männer – Dorian Gray richtet sie Jahre über Jahre zugrunde. Keine sündhafte Gier, der er nicht rücksichtslos nachgibt, kein Vergnügen so ausgefallen, dass er sich ihm nicht hingibt. Er sammelt Juwelen, Bilder, seltene Bücher, am meisten aber genießt er, sein Bildnis zu betrachten, das zum aufgedunsenen Zerrbild wird. Je mehr er sich aber freien Lauf lässt, desto schaler wird ihm sein Leben, und eines Tages steht er mit dem Messer vor dem Bild. Was wird er tun? Was wird geschehen?

Als *Das Bildnis des Dorian Gray* 1890 erschien, löste die Geschichte Streit aus. Zu verdorben, zu unsittlich, vor allem auch, weil sich in ihr nur spärlich versteckt Männer zu Männern hingezogen fühlen. Oscar Wilde verteidigte sich gegen die Vorwürfe gekonnt bissig wie immer. »Worte sind gnadenlos.«

Neue Feinde für ihn. Aber er fand auch Verteidiger, unter ihnen Arthur Conan Doyle, der im gleichen Jahr die Mordgeschichte *Das Zeichen der Vier* herausbrachte. Ermittler: Sherlock Holmes. Mord war in England gefragt, nachdem zwei Jahre zuvor »Jack the Ripper«, Jack der Aufschlitzer, in London fünf Prostituierte ermordet und vier von ihnen grausam verstümmelt hatte. Jack the Ripper wurde nie gefasst. Für Oscar Wilde selbst, immerhin verheiratet, zwei Kinder, blieb der Streit um die Männerliebe folgenlos. Noch. Langsam jedoch sickerte seine eigene Vorliebe für Männer durch, vor allem, als er im Jahr darauf den jungen Lord Alfred »Bosie« Douglas traf.

Wilde stand zu sehr im Licht der prüden Öffentlichkeit. Nicht nur mit seinem auffallenden Lebensstil, auch mit seinen Märchen wie *Der glückliche Prinz und andere Märchen* oder *Der selbstsüchtige Riese*, seinen Geschichten wie *Lord Arthur Saviles Verbrechen* oder *Die Sphinx ohne Geheimnis*, seinen überaus erfolgreichen Gesellschaftskomödien wie *Ernst sein ist alles* oder *Ein idealer Gatte* war er bekannt geworden wie ein bunter Hund. Die gute Gesellschaft beäugte ihn argwöhnisch, weil er ihr immer wieder einen Spiegel vorhielt. »In der Wahl seiner Feinde kann der Mensch nicht vorsichtig genug sein.« Genau das war Wilde nicht: vorsichtig. Zu viele hatten seine Seitenhiebe getroffen, zu viele hatte er beleidigt. Sein gewagtes Auftreten sorgte für den Rest. Neid gebiert Hass, und der traf ihn mit voller Wucht. Oscar Wilde trug sein Leben unverhohlen zur Schau, und so auch das nur schlecht verborgene Geheimnis seines Verhältnisses mit Alfred Douglas, den er grenzenlos liebte. Für Oscar Wilde eine Erfüllung seiner Neigung. »In dieser Welt gibt es nur zwei Tragödien. Die eine ist, nicht zu bekommen, was man möchte, und die andere ist, es zu bekommen.«

Schwulsein war auch in England geduldet, solange dies nicht öffentlich wurde. Die beiden aber reisten zusammen, zeigten sich zusammen, lebten miteinander, bis Alfred Douglas' Vater, Lord John Sholto Douglas, Marquis von Queensberry, der Erfinder der nach ihm benannten Boxregeln, den Gefährten seines Sohnes bloßstellte. Er hinterließ in einem Londoner Club für alle sichtbar seine Visitenkarte, auf die er gekritzelt hatte: »Für Oscar Wilde, posierender Sodomit.« Eine gezielte Beschimpfung. Sodomie stand damals nicht nur für Unzucht mit Tieren, sondern auch für Homosexualität. Wilde zeigte ihn siegesgewiss wegen Beleidigung an. Doch sein Überlegenheitsgefühl hatte ihn geblendet, die Folgen sah er nicht voraus. Zeugen wurden herbeigeschafft, seine Bücher durchleuchtet, verfängliche Briefe vorgelegt, die Oscar Wilde bloßstellten. Seine Verleumdungsklage wurde abgewiesen, Queensberry freigesprochen, Wilde am Ende wegen Unzucht verurteilt. Sofort wurden seine Theaterstücke abgesetzt, seine Bücher aus dem Handel genommen, ihm Nahestehende wandten sich ab, Gläubiger pfändeten seinen auf Pump angeschafften Besitz.

In den Wochen vor seinem Haftantritt hätte Wilde

113

fliehen können, aber er blieb. Er stellte sich, die Masse johlte. Schon während der Verhandlung musste er sich verstecken, bei seiner Überführung nach Reading ließ man ihn zur Volksbelustigung eine halbe Stunde überschüttet mit Hohn auf dem Bahnsteig warten. Der tiefe Fall des Oscar Wilde, nach dem er nicht mehr auf die Beine kam. Doch nicht die Armut brachte ihn um, sondern wohl eher die Vertreibung von der großen Bühne, die er brauchte wie Atemluft. Vom Gesellschaftsparkett geschubst, zerrüttet, krank, ausgestoßen, starb er. *Das Bildnis des Dorian Gray* aber ist das bleibende Buch des Oscar Wilde, und dazu mindestens eine zweite seiner Geschichten: *Das Gespenst von Canterville*.

»Als Mr. Hiram B. Otis, der amerikanische Gesandte, Canterville Chase kaufte, sagte ihm jedermann, dass er etwas sehr Törichtes tue, da kein Zweifel bestand, daß es in dem Schloß spuke.« Die Mitglieder der Familie Otis aber sind waschechte Amerikaner. Gespenster? Unfug. Wenn es sie gäbe, wären die doch längst nach Amerika geschafft worden, um mit ihnen auf den Jahrmärkten haufenweise Geld zu verdienen. Also, Schloss gekauft mitsamt Gespenst, das dort allerdings wirklich haust. Der Geist ist Sir Simon de Canterville, der vor Urzeiten Lady Eleonore de Canterville umgebracht hatte, und zur Strafe eingemauert wurde, um zu verhungern. Ein Blutfleck auf dem Boden sei von seiner Tat geblieben und kehre trotz Abwaschen immer wieder, wird erzählt, etliche habe Simon de Canterville im

Laufe der Jahrhunderte in den Wahnsinn getrieben. Kein Problem. Familie Otis rückt der Blutlache mit guter amerikanischer Fleckenpaste zuleibe, als Sir Simon auftaucht, gibt ihm Mr Otis Schmieröl, damit nächtens seine Ketten nicht so störend klappern, die beiden Zwillinge der Otis' bewerfen ihn mit Kopfkissen. Während seiner dreihundertjährigen Gespensterlaufbahn, in der er sich nun wahrlich gehörig Mühe gegeben hat, seiner Spukarbeit nachzugehen, war er noch nie so beleidigt worden.

Er sinnt wütend auf Rache, doch die geht böse daneben. Die Jungen schleudern mit ihren Zwillen Erbsen auf ihn, der Vater droht ihm mit dem Revolver, Mrs Otis, die ihn für krank hält, schenkt ihm eine verdauungsfördernde Tinktur. »Rücksichtsloser Ruppert oder Der Graf ohne Kopf«, »Jonas, der Grablose, oder Der Leichenräuber«, »Martin, der Verrückte«: alle seine sonst so grauenerregenden Verkleidungen nutzen nichts. Armer alter Sir Simon. Immer trauriger wird er, allein die Tochter Virginia hat Mitleid mit ihm. Sie staucht ihn zwar gründlich zusammen, dass sich das nicht gehöre, brave Leute so zu erschrecken, aber sie tröstet ihn auch in der Verzweiflung über sein Schicksal, nicht sterben zu dürfen, denn das Gespenst sehnt sich nach Erlösung. »Der Tod muß so herrlich sein. In der weichen, braunen Erde liegen – das Gras über einem wiegt sich im Wind – und der Stille lauschen. Kein Gestern kennen, kein Morgen. Die Zeit vergessen, dem Leben vergeben, den Frieden haben.« Das aber werde nur geschehen, wenn eine fromme, freundliche Seele wie Virginia für ihn aufrichtig weine und bete, und im Angesicht der Schreckgestalten, die sie bedrängen werden, standhaft bleibe. »Gegen die Reinheit eines Kindes vermögen die Mächte der Hölle nichts.« Virginia beschließt, für Sir Simon in die Schranken zu treten und die Bürde auf sich zu nehmen.

Köstlich, witzig, überraschend, herzzerreißend traurig – aber gruselig ist *Das Gespenst von Canterville* nun rein gar nicht. Für das wahre Gruseln ist ein anderer zuständig: der Amerikaner Edgar Allan Poe, 1809 bis 1849. Bei ihm geht das so: Ein zum Tode Verurteilter erwacht aus einer Ohnmacht in einem stockfinsteren Verlies. Die grauenhafte Furcht befällt ihn, lebendig begraben zu sein. Kein schneller Tod ist ihm bestimmt, sondern ein immer wieder verzögertes Ende. Seine unsichtbaren Peiniger haben für ihn geistige Martern erdacht. Schrecken folgt auf Schrecken, mit denen sie seine Ängste entfachen, bis er erschöpft in den Schlaf fällt. Als er erwacht, liegt er gefesselt auf einem Holzgestell, neben ihm eine Schüssel voll stark gewürztem, durststeigerndem Fleisch, das er gerade noch greifen kann. An der Decke seines Kerkers aber entdeckt er eine gebogene Stahlklinge, die sich langsam, sehr langsam auf ihn herabsenkt, um ihn zu zerschneiden. Doch er rettet sich, indem er mit dem Fleischrest, den ihm die im Verlies wimmelnden Ratten ließen, die Fesseln einreibt. Die Ratten durchnagen sie, und er entkommt der Schneide des Pendels, das dann aber nach oben gezogen wird. »Wilde Verzweiflung umkrallte mein Herz. Jede meiner Bewegungen wurde also überwacht! Und ich hielt mich für frei! Ich war nur der einen Art des Foltertodes entgangen, um schon in der nächsten Minute einem noch weit qualvollerem überantwortet zu werden!« Die Wände seiner Zelle beginnen zu glühen. Heiß und heißer werden sie, und sie bewegen sich auf ihn zu, drängen ihn zu einem offenen Schacht im Boden, der in der Tiefe mit Wasser gefüllt ist. »Jeden, jeden Tod, sagte ich mir, nur nicht den Tod in der Grube!« Die Wände aber rücken vor. Sie kommen näher und näher und näher.

Edgar Allan Poe: *Die Grube und das Pendel*, entstanden 1842. Noch ein Beispiel: *Das Faß Amontillado*, entstanden 1846. Handlungsort: Italien. Handlungszeit: Karneval. Personen: Fortunato und Montrésor, ein Mitglied einer bedeutenden Familie. Fortunato glaubt, Montrésor sei sein Freund. Weit gefehlt. Montrésor: »Ich hatte die tausendfältigen Ungerechtigkeiten und Kränkungen, die mir Fortunato unaufhörlich zufügte, mit wahrer Engelsgeduld ertragen. Als er mich aber zu beleidigen wagte, da schwur ich ihm Rache.« Teuflisch gerissen verführt er Fortunato, ihm in die weitläufigen Gewölbe seines Palazzos zu folgen. Dort warte ein seltenes Fass Amontillado, ein kostbarer spanischer Likörwein, dessen Erlesenheit er aber selbst nicht beurteilen könne.

Fortunato, der bereits betrunken ist, lässt sich das nicht zweimal sagen, denn er hält sich für eine ausgefuchste Weinzunge. Tief und tiefer steigen sie in das Gewölbe hinab, und immer wieder nimmt sich Fortunato eine gute Flasche aus den reichlich gefüllten Weinregalen. Montrésor führt ihn in die hintersten Winkel des Kellergewölbes, das zugleich eine Gruft ist, in der die Gebeine der Familie seit Jahrhunderten gestapelt werden. Fortunato, mittlerweile gänzlich hinüber, übersieht ein letztes Zeichen, das ihn hätte warnen können: das bedrohliche Wappen der Montrésor mit ihrem Wahlspruch »Nemo me impune lacessit«, »Niemand kränkt mich ungestraft«. So betrunken ist er, dass er sich nicht einmal wehrt, als Montrésor ihn in der allerletzten Nische an die Wand kettet und genüsslich beginnt, ihn Stein für Stein lebendig einzumauern. Da erst wird Fortunato auf einen Schlag nüchtern. Er beginnt zu klagen, zu schreien, zu betteln, bis ihm die Stimme versagt.

Das ist Edgar Allan Poes Schreiben, mit dem er auch den ersten wirklichen Meisterdetektiv in die Krimigeschichte einführte: den Franzosen C. Auguste Dupin, der mit messerscharfen Schlüssen und großer Einfühlungskraft in Täter und Opfer drei Fälle aufklärte: *Das Geheimnis der Marie Rogêt*, *Der entwendete Brief* und *Der Mord in der Rue Morgue*. Nicht nur Arthur Conan Doyle und sein Sherlock Holmes haben Edgar Allen Poe viel zu verdanken. Selbst das Wort »detective« kam durch Poe in die englische Sprache. Doyle: »Wenn jeder Autor, der ein Honorar für eine Geschichte erhält, die ihre Entstehung Poe verdankt, den Zehnten für ein Monument des Meisters abgeben müßte, dann ergäbe das eine Pyramide so hoch wie die des Cheops.« Und für eine Geschichte gilt das ganz bestimmt: *Der Untergang des Hauses Usher*, seine bedeutendste Erzählung, die zu erfassen einige wenige Zeilen freilich nicht genügen.

Eine Andeutung zumindest: Roderick, der Letzte des Hauses Usher, fühlt sich krank. Von seiner geistigen Zerrüttung hatte er einem Freund geschrieben, der ihn besucht. Helfen kann er ihm aber nicht. Roderick sieht sich von geheimnisvollen, entsetzlichen Kräften in den Wahnsinn getrieben, die den Mauern des düsteren, verfallenden Herrenhauses entströmen. Auch seine Schwester Madeline, die seine Einsamkeit gelindert hatte, sei todkrank. Woran sie dahinsieche, wisse keiner. Bald schon teilt er dem Freund den Tod der heißgeliebten Madeline mit. Beide legen die Erstarrte in einen Sarg, den sie in die Gruft des Hauses tragen. Dann eine Sturmnacht, das Stöhnen und Heulen des Windes und ein leiser, wie aus weiter Ferne gellender, langgezogener Schrei. Ist es Einbildung? Der Wahnsinn greift nach Roderick Usher. »Ein irres Lächeln umspielte seine Lippen, und er murmelte unverständliche Laute vor sich hin.« Er glaubt, er habe seine Schwester lebendig begraben, seit Tagen schon höre er sie, wage aber nicht, zu ihr zu gehen. Klappern und Poltern im umtosten Haus. »Das Bersten ihres Sarges, das Kreischen der eisernen Angel ihrer Kerkertür und ihr Ringen wider die Kupferplatten des Bodenganges.« Sie komme. Komme immer näher. Roderick Usher ist nicht mehr zu

beruhigen, bis die Zugluft eine schwere Ebenholz-
tür aufreißt. »Vor der Türe stand, in Leichentücher
eingehüllt, die hohe Gestalt der Lady Madeline von
Usher. Ihre weißen Gewänder waren mit Blut be-
sudelt, und ihr abgezehrter Leib trug deutliche Spuren eines heißen, wilden Kampfes.« Sie taumelt mit
gequältem Aufstöhnen ihrem Bruder entgegen.

Der Untergang des Hauses Usher: Eine Schein-
tote, Geschwisterliebe, die an Inzucht reicht, die
Todessehnsucht des Weiterlebenden, der besessen ist
von namenlosen Ängsten, diese Geschichte war nicht
nur damals ein Vorbild für die Schreibenden. Und
Poe selbst? Kein Vorbild. Sosehr ihm seine Geschichten gelungen sind wie *Der Goldkäfer, Die Maske des
roten Todes* oder *Das ovale Portrait*, so misslungen
ist ihm über weite Strecken das eigene Leben.

Poe war einer, der auf schmalem Grat wanderte,
der weit mehr böse als gute Zeiten erlebte, der sich
selbst immer am Abgrund sah, unfähig, dem Sog der
Selbstzerstörung zu entgehen, der ein Leben im Tau-
mel des eigenen Grauens führte, bei Zeitschriften an-
gestellt und oft genug gefeuert wurde, bis ihn über
Nacht ein Gedicht, *Der Rabe*, ganz nach oben schleu-
derte. Doch übermütig vom so lang ersehnten Erfolg, landete er abermals unsanft, um schließlich
skandalumwittert und kraftlos dem Tod entgegen-
zuwanken. Er starb nach nur vierzig Jahren unter
ungeklärten Umständen in Baltimore, Amerika. Das
Ende könnte so gewesen sein: Auf dem Weg zum
Hafen wurde er von zwielichtigen Gestalten zu hef-

tigem Trinken verführt. Getrunken hatte er tatsächlich seit langem ausgiebig und viel. Dazu war er unter Drogen gesetzt, anschließend ausgeraubt und in zerschlissenen Kleidern auf die Straße gelegt worden. Bei Tagesanbruch wurde er gefunden und ungewaschen, das Gesicht aufgedunsen, das Haar ungekämmt, ins Krankenhaus gebracht. Er ist gewalttätig, schlägt um sich und stirbt umnachtet am 7. Oktober 1849. Erst sechsundzwanzig Jahre später wurde auf sein Grab ein Gedenkstein für den Meister des Grauenvollen gesetzt, an dessen Unholde nur der schrecklichste der Nachtschrecken heranreicht: der blutsaugende Graf des Bram Stoker.

DIE TOTEN REITEN SCHNELL
Bram Stoker und Mary Shelley

Österreich, Wien, 1741. Eine Kutsche jagte hinaus in die Dunkelheit. Sie trug den Sarg der Fürstin Eleonore von Schwarzenberg, die als Einzige nicht in der Wiener Familiengruft der Schwarzenbergs beerdigt wurde. Sie hatte verfügt, in ihre weit entfernte Herrschaft gebracht zu werden. Gleich in der Nacht ihres Todestages wurde sie eilig nach Krumau in Böhmen überführt. Kein Adliger, kein Verwandter, kein hoher Geistlicher kam zur Beerdigung. Selbst der Platz ihres Sohnes blieb leer. Anders als üblich wurde sie Tage darauf im Finstern in einer Seitenkapelle der mächtigen Krumauer Kirche bestattet. Um das Grab war zusätzlich ein Gewölbe gemauert worden, das sie kerkergleich undurchdringlich umschloss. Das Mauerwerk wurde mit Friedhofserde zugeschüttet, das Grab mit einer tonnenschweren Steinplatte abgedeckt, die mit keinem Familiennamen, keinem Wappen, keinem Adelstitel geziert war. Ein Totenkopf ist eingemeißelt und ein Spruch: »Hier liegt die arme Sünderin Eleonora. Bittet für sie.«

Nur Stunden nach ihrem Tod war ihr Leichnam noch zu Wien von den berühmtesten Ärzten des Kaiserreichs geöffnet worden, um die Todesursache zu bestimmen. Die Bezahlung für die Leichenöffnung, die an Adligen sonst nicht vorgenommen wurde, war unglaublich hoch. Warum? Angst vor Ansteckung? Erforschung einer Krankheit? Und noch ein Geheimnis: Nur wenige Bilder haben sich von der Fürstin erhalten. Auf einem wird sie in Jagdkleidung gezeigt. In ihrer Armbeuge lehnt eine Büchse. Das war nicht immer so. Das Bild wurde übermalt. Vermutet wird, dass ihr Ellenbogen auch einen Wolf umschloss, auf dem ihre Hand ruhte. Und: Ihr Kopf war aus dem Bild herausgeschnitten und durch einen anderen ersetzt worden.

Ein geköpftes Bild? Ein getilgter Wolf? Ein Grab als Gefängnis? Rätsel über Rätsel. Und nicht die einzigen von Krumau. An einer Biegung der Moldau wurden drei Gräber gefunden, die damals vor der Stadt lagen. Christliche Gräber wurden von Ost, Jerusalem, der Todesstadt Jesu, nach West, Rom, dem

Herrschersitz des Papstes, ausgerichtet. Diese nicht. Sie liegen quer dazu von Nord nach Süd. Einem Skelett war der Kopf abgetrennt und zwischen die Beine gelegt worden. Ein Stein verschloss dessen Mund, und Steine beschwerten auch Arme und Beine der drei Toten, die zu Zeiten Eleonores von Schwarzenberg gestorben waren. Die Gräber und die Fürstin – das alles hatte seinen Grund: die weitverbreitete Furcht vor Vampiren.

Untote, die nachts aus den Gräbern steigen, um das Blut der Lebenden zu trinken und deren Kraft auszusaugen – für das Volk bestand daran kein Zweifel. Besonders zu Seuchenzeiten, an denen Hexen und Vampiren die Schuld gegeben wurde. Um sich vor »Nachzehrern« zu schützen, wurden Kreuz und Knoblauch verwendet, besonders aber verdächtige Gräber geschändet, die Toten herausgeholt, ein Pfahl in sie getrieben, der Kopf abgeschlagen und zwischen die Beine gelegt. Damit der Tote ihn sich nicht selbst wieder aufsetzen konnte, wurden ihm die Hände mit einem Rosenkranz gefesselt. Zurück im Grab, wurden die Knochen des Toten mit Steinen beschwert, damit er nicht heraussteigen konnte. Ein zwischen die Kiefer geklemmter großer Stein sollte verhindern, dass der Tote schmatzte. Das Schmatzen galt als unheilvolles Vorzeichen für die Auferstehung eines Vampirs. Der Adel, der auf Kosten des Volkes lebte, das er für seine Verschwendungen aussaugte, wurde nicht umsonst als Blutsauger beschimpft. Adlige gerieten leicht in den Verdacht, die gefährlichsten

124

Vampire zu sein, denn wer ahnte schon, was hinter den hohen Mauern ihrer Burgen und Schlösser geschah. Zu Eleonore von Schwarzenbergs Lebzeiten hatte die Vampirangst Böhmen fest im Griff, und die Fürstin steigerte noch den Aberglauben ihrer Untertanen.

Seltsames war vorgegangen im Schloss über Krumau in ihren letzten Jahren. Lebensfroh war sie einst gewesen, hatte getanzt, gefeiert, leidenschaftlich alles gejagt. Nur Wölfinnen tötete sie nicht, sondern ließ sie einfangen und hielt sie in einem Zwinger, denn ein Schatten lag auf dem Leben der Fürstin. Sie bekam keinen männlichen Erben. Wolfsmilch aber galt als fruchtbarkeitssteigernd, und die Fürstin trank sie über Jahre. Doch Wölfe wurden seit je auch mit dem Bösen gleichgesetzt, sie befänden sich mit Satan im Bund, seien Sendboten schlimmer Geister, Begleiter der Blutsauger. Wurden die Wölfinnen der Fürstin gemolken, drang ihr Heulen nach Krumau hinunter oder fand Widerhall bei den Rudeln in den Wäldern. Unheimlich für die Bürger. Mit über vierzig erst die ersehnte Geburt des Sohnes. Damals ein hohes Alter. Gerüchte gingen um: Hexerei sei im Spiel gewesen. Dann ein zweiter Schatten: Ihr Mann, der Fürst von Schwarzenberg, wurde auf einer Jagd erschossen. Der Todesschütze: der Kaiser selbst, der darauf ihren Sohn zu sich nahm, um für ihn zu sorgen. Der Witwe zahlte er einen fürstlichen Unterhalt, den sie genüsslich ausgab. Für Tabak, Schmuck, Kleider, vor allem aber für Heilmittel, denn Eleonore von Schwarzenberg begann an einer Krankheit zu leiden, die nicht recht zu deuten war.

Hilfe suchte sie bei Ärzten, doch ebenso in der Zauberei. Eine Papierrolle wurde auf Krumau gefunden, die mit Zauberzeichen und Sprüchen gefüllt war, die als Schutzzauber bei Behandlungen gesprochen wurden. Unsummen gab sie für angebliche Wundermittel aus, für »Krebsaugen«, Walrat, zerstoßenes »Einhorn«, die als ebenso lindernd angesehen wurden wie die ständigen Aderlässe, denen sie sich aussetzte. Der Blutverlust aber machte sie bleich und schwach. Sie aß kaum noch und blieb schlaflos in der Nacht. Die Fürstin, die in der Nacht lebt und am Tag schläft. Die Angst ging um in Krumau. Eine Angst, die auch Eleonore teilte. Die Unmengen an Heilmitteln, die Schutzzauber, die fortschreitende Blutleerheit – fürchtete sie, zum Vampir zu werden? Dem Aberglauben nach begann nicht nur durch einen Biss, sondern auch durch Ansteckung die Wandlung zum Vampir. Ihre Anweisung zur Überführung nach Krumau, um durch ihr Schmatzen die Totenruhe der Schwarzenbergs in der Wiener Gruft nicht zu stören? Ihr vermauertes Grab, um nicht als Untote zu wandeln? Der schwere, totenkopfgezierte Grabstein, auf dem nur ihr Vorname stand?

Jahre nach dem Tod der Fürstin entsandte Maria Theresia, Kaiserin von Österreich und Königin von Ungarn und Böhmen, ihren Leibarzt Gerard van Swieten nach Böhmen, den Vampirglauben zu untersuchen. Nachdem er ihr berichtet hatte, verfügte sie, dass alle Abwehrmaßnahmen wie Pfählen, Köpfen oder Verbrennen künftig bei strenger Strafe verboten sind. Hinweise auf »Vampire« mussten in Zukunft nicht mehr der Kirche, die dem Aberglauben Vorschub leistete, sondern den kaiserlichen Behören gemeldet werden. Gedruckt lag Gerard van Swietens Bericht 1768 vor, und bald darauf, 1774, erschien Gottfried August Bürgers Ballade *Lenore*. Bürger, bekannt durch die Geschichten um den Lügenbaron *Münchhausen*, lässt seine Lenore Gott verfluchen, weil ihr Liebster nicht aus dem Krieg aus Böhmen zu ihr zurückkehrt. Er kommt, aber er kommt als untoter Geist, der sie entführt, um sie mit in seinen Sarg zu nehmen. Ein wilder Ritt zu seinem weit, weit entfernten Grab, das sie trotzdem noch in derselben Nacht erreichen, denn: »Die Toten reiten schnell.«

»Die Toten reiten schnell«: Das liest in einer Vampirgeschichte auf einem verlassenen Friedhof nahe München weit über hundert Jahre später ein Reisender auf der Grabstätte einer österreichischen Adligen, die sich als Vampir erhebt, um ihn anzugreifen. Er überlebt, und als er aus einer Ohnmacht erwacht, sitzt ein Wolf auf ihm, um sein Blut für die Untote warm zu halten. Er wird gerettet und setzt seine Reise fort. Einst gedacht als Beginn eines Buches, wurde diese Geschichte jedoch gestrichen. Nun steht die Abreise aus München am Anfang jenes Buches, das die Untoten wahrhaft unsterblich machte: Abraham Stokers *Dracula*.

Stoker kannte Bürgers *Lenore*. Dass also eine

österreichische Adlige einst am Anfang auftauchte und dass sich der Name des Vampirjägers »Abraham van Helsing« an »van Swieten« anlehnt, ist ebenso wenig Zufall wie der Name »Dracula«, für den Bram Stoker gleichfalls ein geschichtliches Vorbild hatte: Fürst Vlad III. Drăculea, der von 1431 bis 1476 lebte. Sein Beiname Draculea wurde oft als »Sohn des Teufels« falsch übersetzt. Er bedeutet tatsächlich »Sohn des Drachen«, weil sein Vater vom deutschen Kaiser in den Drachenorden aufgenommen worden war. Und er trägt einen zweiten Beinamen: Vlad Tepes, »der Pfähler«. Im Abwehrkampf gegen die Türken ließ er als Feldherr Gefangene, Soldaten, aufrührerische Adlige oder unliebsame Gesandte durch Pfählen hinrichten.

Fürstin Eleonore von Schwarzenberg, Fürst Vlad Tepes, Bürgers mit der Fürstin namensgleiche *Lenore*, van Swietens Bericht, die Geschichte des Vampirglaubens: Bram Stoker mischte und schöpfte sein Wissen aus Büchern, Karten, Reisebeschreibungen, mit denen er sich sieben Jahre beschäftigte, bis das Buch 1897 erschien. Stoker hat das Land nie betreten, in das er seine Romanfigur, den Engländer Jonathan Harker, von München aus reisen lässt. Graf Dracula hatte Harker eingeladen, um ein Haus in London zu kaufen. Doch Unheimliches geschieht, je näher er dem Grafenschloss kommt. Ein Kruzifix wird Harker geschenkt, mit einem Rosenkranz als Schutz gegen das Böse, Bauern fliehen vor der Kutsche in namenloser Angst, der Kutscher treibt kohlschwarze Pferde in rasender Eile vorwärts. »Die Toten reiten schnell«, flüstert ein Mitreisender.

Das Schloss ist so düster wie der Graf. Dracula, bleich, lange weiße, spitze Zähne, blutrote Lippen, hat kein Spiegelbild, eidechsengleich klettert er eine Wand hinab. Harker schneidet sich bei der Rasur – der Graf blickt ihn gierig an. Das Entsetzen wächst. Nachts darf Harker sein Zimmer nicht verlassen, einige Kammern des Schlosses darf er nicht betreten. Aus Harkers Furcht wird Todesangst, als er dann doch in einer fremden Kammer einschläft. Drei Schönheiten nähern sich ihm, fast wird er gebissen, der Graf aber hält die Hungrigen in Schach, wirft ihnen einen Sack hin, aus dem das Wimmern eines Kindes dringt. Dracula will Harker für sich. An Flucht ist nicht zu denken, des Grafen Wölfe um-schleichen das Schloss.

Tags schläft Dracula in einer Gruft in einem Sarg, der auf ein Schiff verladen wird. Das Ziel ist Eng-land. Als das Schiff in den Hafen einläuft, ist die Be-satzung verschwunden, der Kapitän tot an das Ruder gebunden. Ein schwarzer Hund springt von Bord. Harker gelingt doch noch die Flucht. Er kehrt nach England zurück, aber auch dort hat der Albtraum längst begonnen, denn Lucy Westenra, die Freundin seiner Gattin, wurde gebissen. Sie verwandelt sich zur Untoten. Um ihr Leben zu retten, nimmt Harker den Kampf gegen das Böse auf. Und er steht nicht allein. Abraham van Helsing eilt zu Hilfe. Gemein-sam jagen sie den Vampir, und in der Totengruft eines Friedhofs schlagen sie die erste Schlacht gegen das Grauen. Nicht die letzte.

Der Ire Bram Stoker, geboren 1847 nahe Dublin, hat den Siegeszug seines Buches nicht mehr erlebt, das zur Vorlage für eine Unzahl von Vampirgeschichten wurde. Er starb 1912 in London, und nur eine Schauergeschichte der »phantastischen Literatur« ist ähnlich berühmt geworden wie sein *Dracula*: Mary Shelleys *Frankenstein oder Der moderne Prometheus*, erschienen 1818.

Drei Namen: Shelley, Prometheus, Frankenstein. Erster Name: Mary Shelley. Als Mary Godwin 1797 in London geboren. Mit gerade einmal sechzehn Jahren reiste sie durch Europa. Mit dabei der verheiratete Percy Bysshe Shelley. Mary hatte sich in ihn verliebt. Bei ihrer Rückkehr war sie von ihm schwanger. Sie verhehlten das nicht. Skandal. Die beiden heirateten, nachdem Shelleys Ehefrau Selbstmord begangen hatte. Sommer 1816: Percys und Marys Reise an den Genfer See. 1816 war das Jahr ohne Sommer, denn die nach Europa getriebenen Aschewolken des indonesischen Vulkans Tambora verdeckten die Sonne. Graue, trübe Tage, Sturzbachregen. Sie blieben im Haus. Langeweile. Sie lasen sich Gruselgeschichten vor. Dann der Vorschlag, ein jeder möge eine eigene schreiben. Mary ersann *Frankenstein oder Der moderne Prometheus*. Vier Jahre nach Erscheinen des Buches ertrank Percy Bysshe Shelley. Seine Frau Mary wurde dreiundfünfzig. Sie starb 1851 in London.

Keines ihrer späteren Bücher wurde so häufig gelesen wie das um den modernen Prometheus, Frankenstein. Durch dieses Buch gilt Mary Shelley als eine der wenigen weltberühmten Schriftstellerinnen des 18. und 19. Jahrhunderts. Erst Jahre nach ihrem Tod begannen Frauen sehr langsam ihre Rechte zu erstreiten, auch im Schreiben. Bücherschreiben blieb noch lange das Vorrecht der Männer. Schriftstellerinnen wie Mary Shelley, Jane Austen oder die Schwestern Emily, Charlotte und Anne Brontë waren die Ausnahme. Austens *Stolz und Vorurteil*, *Die Abtei von Northanger* oder *Sinn und Sinnlichkeit*, Emily Brontës *Sturmhöhe*, Charlottes *Jane Eyre*, Annes *Agnes Grey*: auch sie verführerische Seitenwege des Lesens allesamt.

Zweiter Name: Prometheus. Einer der Titanen, der ältesten Götter der griechischen Sagenwelt, die im Kampf mit den olympischen Göttern um die Herrschaft besiegt wurden. Prometheus aber hatte aufseiten der Olympier gekämpft. Der Sage nach formte er den Menschen aus Ton und wurde sein Lehrmeister. Die Götter jedoch verlangten von den Menschen, Tiere bei ihrer Anbetung zu opfern, die der Mensch selbst zum Leben brauchte. Prometheus half. Er griff zu einer List und schlachtete im Namen der Menschen einen Stier und machte daraus zwei Haufen, einen großen mit den Knochen, einen kleinen mit dem Fleisch. Er forderte Zeus auf, zu wählen. Der allwissende Gott entschied sich gnädig für die Knochen, doch für den versuchten Betrug verweigerte er den Menschen das Feuer, das ihnen Prometheus darauf heimlich brachte. Als Strafe für seinen Ungehorsam ließ Zeus ihn an einen Felsen schmieden, an dem ein Adler ihm zur täglichen Qual an der Leber fraß, die sich stets erneuerte, denn Prometheus war als Titan unsterblich. Nach Jahrhunderten der Pein in Wind und Wetter wurde er von Herkules befreit. Fortan trug er einen Ring mit einem Stein des Felsens, damit Zeus sich weiter rühmen konnte, Prometheus sei noch immer an den Felsen gefesselt. Entscheidend für Mary Shelleys Buchtitel: die Erschaffung des Menschen aus unbelebtem Ton. Oder wie Johann Wolfgang Goethe in seinem Gedicht *Prometheus* schrieb: »Hier sitz' ich, forme Menschen | Nach meinem Bilde«.

Dritter Name: der menschenformende Frankenstein. Nicht verwechseln, Frankenstein ist der Name des Schöpfers, nicht der Name des Lebewesens, das er schuf. Viktor Frankenstein hat an der Universität von Ingolstadt studiert. Er entdeckt das Geheimnis, Totem neues Leben einzuhauchen. Begeistert von dieser Entdeckung, stiehlt er auf dem Ingolstädter Friedhof alles, was er braucht, um einen Menschen zu bauen. Er erschafft ihn, weil er ihn erschaffen kann. Ob er ihn erschaffen darf, fragt er nicht. Der Versuch gelingt und misslingt zugleich. Das Wesen lebt, sein zusammengeflicktes Aussehen aber ist furchteinflößend und abstoßend. Entsetzt flieht Frankenstein aus seinem Labor.

Als er zurückkehrt, ist das Wesen verschwunden.

Frankenstein verschweigt eisern, was er getan hat. Dann erreicht ihn ein Brief: Sein junger Bruder wurde ermordet. Er eilt nach Hause. In der Nacht seiner Ankunft sieht er eine riesenhafte Gestalt. Der Mörder muss das Wesen sein. Stattdessen aber wird das Kindermädchen beschuldigt. Ihre Hinrichtung hält Frankenstein nicht auf, obwohl er die Wahrheit kennt. Immer tiefer gerät er in Schuld. Er streift umher, und: Er trifft seine Schöpfung. Sie hat sprechen und lesen gelernt durch Beobachtung einer Bauernfamilie, der sie heimlich mit Holzhacken und Schneeschaufeln half. Doch als das Wesen sich zu erkennen gab, schlugen es die Bauern und flohen aus Angst. Wütend und enttäuscht, suchte es seinen Schöpfer, begegnete dessen Bruder, den es in Unkenntnis seiner Kraft erwürgte. Liebe habe das Wesen gesucht, Wärme, Zuneigung, die ihm sein »Vater« verweigert hatte.

Es bittet ihn daher, ihm eine Frau zu erschaffen, ebenso hässlich wie es selbst, um mit seinesgleichen versteckt in Frieden zu leben. Gerührt willigt Frankenstein ein. Mit einem Freund macht er sich an die Arbeit, die er vollendet, doch sogleich wieder vernichtet, aus Furcht, abermals ein Scheusal erschaffen zu haben. Rasend vor Wut ermordet das Wesen seinen Freund. Frankenstein aber flieht. Er reist zu seiner Geliebten und heiratet sie. Das Wesen folgt ihm. Empört darüber, dass Frankenstein den Trost findet, den er ihm zerstört hat, tötet er die Braut noch in der Hochzeitsnacht. Ist das Wesen ein Monster?

Ist Frankenstein das Ungeheuer? Darf der Mensch gottgleich Schöpfer spielen? Ist die Grenze überschritten? Wer hat die Verantwortung für die Züchtung? Ist die Wissenschaft bereit, für die Folgen ihrer Arbeit einzustehen? Ist das von Forschung Geschaffene wirklich zu beherrschen? Fragen, die auch Viktor Frankenstein viel zu spät stellte. Er nimmt die Spur des Wesens auf und jagt es. Showdown in der Kälte der arktischen Eiswüste.

DAS GELÄCHTER IST
EINE GROSSARTIGE SACHE
Nikolai Gogol und Fjodor Dostojewski

Es ist kalt in Sankt Petersburg. Bitterkalt. Russland im Winter. Doch was tun, wenn der alte Mantel nur noch aus Flicken besteht, zu abgeschabt ist und so unrettbar fadenscheinig, dass er nicht mehr genäht werden kann? Ein neuer muss her. Der aber ist teuer. Zu teuer für Akakij Akakijewitsch. Der unbedeutende Schreiber in einem unbedeutenden Amt muss sich den Mantel vom Mund absparen. Er ackert sich krumm, legt Geld beiseite, geizt und knausert sich Kopeke für Kopeke seinem neuen Mantel entgegen. Zufrieden war er gewesen als bescheidener Abschreiber von Amtsvorgängen, die er liebevoll mehr abmalte als abschrieb. Einer von Abertausenden Kopisten im Riesenreich des Zaren, der gerade genug verdiente, um sein Leben irgendwie zu fristen. Amtsstubenelend Tag für Tag. Unbeachtet saß er an seinem Kanzleitisch, abends blieb er still für sich zu Hause, den Spott der forschen, strebsamen, eilfertigen, buckelnden, jungen Beamten hatte er hingenommen, falls er ihn überhaupt wahrnahm und falls die ihn nicht einfach übersahen, was sie meist taten. Akakij Akakijewitsch, »der ewige Titularrat«, ohne Aussicht, befördert zu werden. Nun aber: der Mantel. Nicht irgendeiner. Nein. Ein Prachtstück soll er werden. Er will sich vor den Kollegen zeigen, die ihn sonst übergangen haben, vielleicht wird ihn sogar ein schönes Fräulein wahrnehmen, vielleicht … – wenn nur erst der Mantel fertig ist.

Und tatsächlich: Als er ihn endlich abholt, sonnt sich Akakijewitsch in seinem Glanz. Mehr noch: Er wird sogar zu einer Abendgesellschaft eingeladen, um das Prachtstück zu feiern. Einmal wenigstens ist er wer. Aber Jammer und Graus: Auf dem Heimweg wird der arme Schreiber überfallen, verprügelt, und der Mantel wird geraubt. Verzweiflung. Alles, alles tut er, um ihn wiederzubekommen, das aber kümmert keinen. Er wendet sich sogar an eine »höhere Person«, doch auch die bügelt ihn barsch ab. Was bilde sich das kleine Licht ein, ihn auch nur anzusprechen? Zu viel für Akakij Akakijewitsch. Er stirbt. Bald aber geht das Gerücht um, er schleiche nachts umher, suche seinen gestohlenen Mantel. Das Gespenst reiße unverschämt Mäntel von den Schultern, noch dazu ohne den geringsten Respekt, selbst Hofräten. Unerhört so was. Was erlaubt der sich. Strikter Befehl wird erlassen, den Beamtengeist zu verhaften, um ihn streng zu bestrafen. Erwischt wird er nicht. Der Spuk endet erst, als er die »bedeutende Persönlichkeit« in die Finger bekommt. Schlotternd, todesbleich und mantellos flieht diese von dannen.

Nikolai Gogol, *Der Mantel*, erschienen 1842. Mit Akakij Akakijewitsch weinen? Über ihn lachen? Nur eine vor Spott triefende Gespenstergeschichte? Mitnichten. *Der Mantel* wurde zur folgenreichsten russischen Erzählung, weil sie den »kleinen Beamten«, den »kleinen Mann«, in den Blick nahm. Fjodor Dostojewski über die russischen Schriftsteller: »Wir sind alle aus Gogols *Mantel* hervorgegangen.« Geschichten hatten bis dahin zumeist im Adel zu spielen, dem Zaren wurde gehuldigt, dessen weise Herrschaft gelobt. Bücher mussten daher den Behörden vorgelegt werden, bevor sie erscheinen durften, damit nicht ein Hauch von Unmut darin stand. Sie ungerupft durch die Genehmigung, die Zensur, zu schummeln, war eine Kunst. Das Leben in Russland aber sah anders aus. Saus und Braus für wenige Reiche, die Heerscharen der Belanglosen aber, der Armen, der Bedeutungslosen, kurzum, das Volk, hatten in Demut vor dem Adel zu verharren, die Kirche zu ehren, im Heer zu dienen, Zwangsdienstzeit 25 Jahre, Steuern aufzubringen oder als rechtlose Leibeigene auf den Gütern zu schuften. Sklaven, die gekauft und verkauft werden durften, ohne Rücksicht. Heiraten nur mit Erlaubnis des Gutsbesitzers, des Herrn, der strafend über Leben und Tod richtete.

Der Wandel in den westlichen Ländern, der mit der Französischen Revolution von 1789 begonnen hatte, war fast spurlos an Russland vorbeigegangen. Wer dagegen aufbegehrte, wer für Änderungen eintrat, wurde in die Verbannung oder die Straflager Sibiriens geschickt. Gogols feiner, aber bloßstellender Witz brachte jedoch die unerwünschten Gedanken unters Lesevolk, ohne sie wirklich auszusprechen. Gogol: »Das Gelächter ist eine großartige Sache.« Einen aus dem Volk, das meist nur in den Märchen »Mütterchen Rußlands« auftrat, nun in den Mittelpunkt zu stellen, brach einem wahren Gogol-Rausch die Bahn. Er wurde der Liebling der Fortschrittlichen. Noch einmal Dostojewski über das Gogol-Fieber: »Damals war es unter der Jugend gang und gäbe, wenn zwei oder drei zusammenkamen, dass es hieß: Sollen wir nicht etwas Gogol lesen, Leute? Und dann setzte man sich zusammen und las, manchmal die ganze Nacht.« *Die toten Seelen, Die Nase* oder *Taras Bulba*: »Die Ungewöhnlichkeit des Inhalts, der Typen, die völlig neue, in ihrer Natürlichkeit so noch nie vernommene Sprache, ein Humor, wie ihn noch niemand kannte – all das wirkte einfach berauschend.«

Die überfällige Veränderung Russlands aber kam auch mit Gogol nicht, und als sie kam, kam sie zu spät. Erst im Jahrhundert nach ihm wurde die Zarenherrschaft beseitigt, dann aber mit einem blutigen Sturm, den Wladimir Iljitsch Uljanow anführte, genannt Lenin: Die Oktoberrevolution von 1917, beschrieben von Boris Pasternak in *Dr. Schiwago*. Ohne Bücher aber wäre auch diesem Umsturz nicht der Boden bereitet worden. Wie seit jeher: Bücher sind der Tummelplatz neuer Gedanken in oft harmlos erscheinendem Kleid, und ein Volk, das liest, ist gefährlich. Die russischen Schriftsteller, gemeinhin nur »die Russen« genannt, brachten im wahrsten Sinne das Neue zur Sprache, und so begannen zu Gogols Lebzeiten die großen Tage der russischen Literatur, die mit ihrer Unterdrückung durch die Stiefel der Roten Armee und des Geheimdienstes im Arbeiter- und Bauernstaat der Sowjetunion endeten. Das Jahrhundert der russischen Literatur indes ist allein eine ganze Lesewelt.

Was also aus ihr nehmen? Alexander Puschkins *Pique-Dame*? Ja. Von ihm erzählen, dass er bei einem Duell zur Ehrenrettung seiner Gattin starb, oder von Lermontow, der ebenfalls bei einem Ehrenhändel niedergestreckt wurde? Sicher. Iwan Alexandrowitsch Gontscharows *Oblomow*, die Geschichte des wohl größten Faulenzers der Bücherwelt? Selbstverständlich. Iwan Turgenjew mit *Aufzeichnungen eines Jägers* oder das *Tagebuch eines überflüssigen Mannes*, der als einer der Ersten Not, Angst, Verzweiflung des russischen Volkes anklingen ließ, der verhaftet und verbannt wurde? Natürlich. Nach Gogols *Der Man-*

tel seine *Aufzeichnungen eines Wahnsinnigen* lesen? Freilich. Sagen, dass er vor seinem Tod den noch nicht erschienenen zweiten Teil der *Toten Seelen* im Kamin samt und sonders verbrannte, Essen verweigernd, schwermütig geworden, nach aufgezwungenen Gewaltkuren 1852 starb? Sowieso. Anton Tschechows *Die Dame mit dem Hündchen*? Klar. Lew Tolstois *Krieg und Frieden* herausgreifen, das Zeitgemälde schlechthin über Russlands Krieg gegen Napoleon, den Brand Moskaus und die russische Adelsgesellschaft? Unbedingt. Dazu noch die in der Sowjetzeit entstandenen und unterdrückten Bücher wie Pasternaks *Dr. Schiwago*, Michail Bulgakows *Der Meister und Margarita* oder Alexander Solschenizyns *Krebsstation* und *Der Archipel Gulag*? Ja und noch mal ja. Wer's nicht liest, ist selbst schuld. Weltliteratur ausnahmslos.

Die Fülle aber ist schlicht zu riesig, sie bloß abzufertigen unsinnig, und deshalb: einer für alle. Fjodor Dostojewski, 1821 bis 1881. Kleiner Rat zuvor: Vorsicht bei den Russen, denn wie bei allen Übersetzungen gilt ganz besonders für sie auf eine gute Übertragung zu achten. In der Regel gilt: je neuer, desto besser. In alten Übersetzungen sind die Unzahl der Abwandlungen der Namen und Vornamen auch nur einer einzigen Figur leidlich verwirrend. Wie eine gute Übersetzung finden? Die fragen, die das Buch schon gelesen haben. Und noch eins: Die Romane eines Tolstoi oder Dostojewski sind umfangreich. Wer Bücher nicht einfach wegliest, einatmet oder einsaugt, der braucht ein wenig Zeit. Und ein Letztes noch, das ganz allgemein gilt: Wenn gesagt wird, ein Schriftsteller zähle zu den ganz Großen, dann muss das nicht zwangsläufig heißen, dass alles, was er geschrieben hat, auch herausragend ist. Die Perlen zu finden, darauf kommt es an.

Dostojewskis entscheidendes Lebensjahr: 1849. »Heute am 22. Dezember wurden wir alle auf den Semjonovschen Platz gebracht. Dort wurde uns das Todesurteil verlesen, man gab uns das Kreuz zum Kuß, über unseren Häuptern wurde das Schwert gebrochen und wir wurden fürs Begräbnis eingekleidet (weiße Hemden). Dann stellte man drei von uns vor die Pfähle, wo die Exekution stattfinden sollte. Ich war der sechste in der Reihe, wir wurden in Gruppen zu drei aufgerufen, und so war ich in der zweiten Gruppe und hatte nicht mehr als eine Minute zu leben.« Gut eine halbe Stunde wurde daraus. Sie standen in der Winterkälte, fast nackt. Erfrorene Ohren, Finger, Füße. Eine grausame Scheinhinrichtung in Sankt Petersburg. Einer der armen Hunde am Pfahl wurde wahnsinnig. Begnadigung im letzten Augenblick zu vier Jahren Verbannung und Zwangsarbeit.

Abmarsch nach Sibirien. Nicht in einer »grünen Minna«, die ihren Namen von grün angestrichenen Gefangenenkutschen hat, nicht mit der Eisenbahn. Tausende von Kilometern zu Fuß und in Ketten. Weil deren Schellen Füße und Handgelenke blutig rieben, galt eine Anweisung des Zaren, sie mit Filz auszukleiden, schon als menschenfreundliche Gnade.

Ungezählte gingen diesen Weg. Dostojewski ging ihn 1850. Auf dem Weg in die Gefangenschaft schenkte ihm eine Mitleidige ein Neues Testament. Dostojewski trennte sich niemals von dem Geschenk, nicht einmal auf dem Totenbett. Vier Jahre »Katorga«, Straflager, in angeschmiedeten Ketten in der Festung Omsk. Leben in einem baufälligen Holzhaus. Im Sommer unerträglich heiß, im Winter unerträglich kalt. Seine *Aufzeichnungen aus einem Totenhaus* erzählen davon. Sie entwickeln ihre bedrückende Wucht, weil er das Straflager sachlich beschrieb, kühl, ruhig wie nach ihm wohl nur noch der russische Nobelpreisträger von 1970, Alexander Solschenizyn, der mit *Der Archipel Gulag, Ein Tag im Leben des Iwan Denissowitsch* und *Der erste Kreis der Hölle* die Lager der Sowjetzeit anprangerte, in denen er einsaß.

Am unerträglichsten sind für Dostojewski die Mitgefangenen. »Sie würden uns auffressen, wenn sie könnten.« Hartgesottene Verbrecher, die für die »besseren« Gefangenen nur Hass empfanden. »Einhundertundfünfzig Widersacher, die niemals müde wurden, uns zu verfolgen – das war ihr Spaß, ihre Ablenkung, ihr Zeitvertreib.« Für alle in der Hütte ein hölzerner Trog als Abtritt. »Alle Gefangenen stinken wie Schweine.« Dazu Läuse, Flöhe, Ungeziefer. Erstaunlich, aber Fjodor Dostojewski zerbrach nicht. Er überlebte die vier Jahre, musste danach als einfacher Soldat in die Armee eintreten, in der er weitere Jahre in Semei, Kasachstan, abdiente. Wegen guter Führung befördert, stellte Dostojewski ein

Gnadengesuch, dem der Zar stattgab. Rückkehr nach Sankt Petersburg Ende 1859. Warum das alles? Fjodor Michailowitsch Dostojewski war verpfiffen worden.

Seine Mutter starb früh an Schwindsucht. Sein Vater war ein abgewirtschafteter Landadliger, der als Armenarzt arbeitete. Ein großer Geizhals, ein großer Griesgram. Auf seinem Landgut führte er das Leben eines Wüstlings. Er soff, misshandelte die Leibeigenen seines Gutes, die sich rächten. Sie ermordeten ihn. Fjodor Dostojewski war damals Zögling der Militärakademie in Sankt Petersburg, danach wurde er technischer Zeichner im Kriegsministerium. Nach kaum einem Jahr schmiss er die Laufbahn hin, um zu schreiben. Er hatte *Arme Leute* abgeschlossen. Das Buch erschien 1846, vier Jahre nach Gogols *Der Mantel*. Wie bei Gogol spielen die unbedeutenden »kleinen Leute« darin die erste Geige, die im Sumpf der Armenviertel untergehen. Anders als Gogol aber beschrieb er sie nicht mit Witz, sondern so gekonnt mit teilnehmender Gefühlswärme, dass *Arme Leute* zum Ereignis wurde. Von null auf hundert mit nur einem Buch. »Jedermann betrachtet mich wie ein Weltwunder.«

Der unerwartete Erfolg freilich stieg dem jungen Dostojewski zu Kopf, er wurde ein rechter Wichtigtuer. »Alle Minnas, Claras, Mariannen usw. sind erstaunlich nett geworden, kosten aber einen Haufen Geld.« Von zu Hause hatte er einst an der Schule nur wenig Taschengeld erhalten, als niederer Beamter ebenso wenig verdient, nun aber hatte er Geld. Und er gab es aus. Geld blieb nie lange in seiner Tasche. Eine Erbschaft brachte ihm 1000 Rubel. 900 davon verjuxte er an einem Tag, den Rest verlor er beim Billard. Er schrieb emsig weiter, *Der Doppelgänger*, *Weiße Nächte*, *Der ehrliche Dieb* erschienen, der Anfangserfolg aber stellte sich nicht mehr ein. Seine Aufgeblasenheit hatte zu viele Bewunderer verärgert. »Eine Woche lang bin ich schon ohne einen Pfennig. Buchstäblich nichts.«

Nicht seine einzige Schwierigkeit. Fjodor Dostojewski, der sich dem russischen Volk verbunden fühlte, war einer fortschrittlich gesinnten Geheimgesellschaft beigetreten, die sich des unterdrückten Volkes annahm, die Abschaffung der Leibeigenschaft forderte und gegen den Zaren eingenommen war. Der Geheimpolizei blieb das nicht verborgen. Sie schmuggelte einen Spitzel ein. Ihrer aller Verhaftung erfolgte im Frühjahr 1849. Dostojewski hatte der Gesellschaft einen höchst aufrührerischen Brief an Nikolai Gogol vorgelesen. Dafür der Kerker bis zum Frühherbst, dann vor einem Kriegsgericht die Verurteilung zum Tode. Ende des Jahres stand Dostojewski im Angesicht der Hinrichtung, die in die Verbannung gewandelt wurde, aus der er fast zehn Jahre später erst nach Sankt Petersburg zurückkehrte. Er war festen Willens, die verlorenen Jahre seines erzwungenen Schweigens wettzumachen, und schrieb die *Aufzeichnungen aus einem Totenhaus* und *Erniedrigte und Beleidigte*, doch seine Lebenswirren endete das nicht.

Noch als Soldat hatte er geheiratet. Trost hatte er gesucht, aber Unglück gefunden. Die Nacht vor der Hochzeit verbrachte sie mit einem Liebhaber, Nörglerisch war sie und keifend. Dostojewski floh vor ihr auf eine erste Reise durch Europa. Danach lernte er Apollinarija Suslowa kennen, die er Polina nannte. Jung, aufgeschlossen, fortschrittlich, selbstbewusst. Er verfiel ihr völlig. Eine aufreibende Hassliebe. Als sie nach Paris ging, borgte sich Dostojewski das Reisegeld und jagte ihr nach. Um an noch mehr Geld zu kommen, spielte er in Wiesbaden Roulette. Erst gewann er, dann verlor er. Der Beginn seiner Spielsucht. Nach den Entbehrungen der Strafjahre suchte er den Nervenkitzel. Mit dem Rest des Geldes kam er nach Paris, doch auch Polina hatte sich einen Liebhaber genommen, der sie aber bald ablegte. Dostojewski überredete sie, mit ihm auf Reisen zu gehen. Ab ins nächste Unglück. Durch die Schweiz und Italien von einem Spieltisch zum nächsten. Er versetzte seine Uhr, Polina ihren Ring, bis sie genug hatte. Sie kehrte nach Paris zurück, er nach Sankt Petersburg, auch aus schlechtem Gewissen.

Seine alleingelassene Frau litt an Schwindsucht, Tuberkulose. Schulden und immer noch mehr Schulden, die auch die *Aufzeichnungen aus einem Kellerloch* nicht ernsthaft milderten. Die Heiratsanträge, die er Polina nach dem Tod seiner Frau aus der Ferne machte, langweilten sie. Abermals Abreise aus Russland, Treffen mit Polina in Deutschland. Wieder die Spieltische. Dann hatte sie endgültig genug. Sie ließ ihn im Hotel zurück ohne einen Heller. »Meine Lage ist unaussprechlich übel.« Rückreise. Gläubiger, raffgierige Verwandte, kaum Geld. Dostojewski war verzweifelt, aber nicht am Ende. Er schrieb *Der Spieler* und begann den Roman, der ihm Weltruhm sicherte: *Schuld und Sühne* erschien 1866, in neuerer Übersetzung *Verbrechen und Strafe*.

Die Geschichte des Mörders Rodion Raskolnikow. Student, bitterarm, aber hochbegabt. Er plant den »perfekten Mord«, einen Mord ohne Motiv, ausgeführt mit Ruhe und Übersicht. Opfer ist eine alte, geizige Pfandleiherin. Er schleicht zu ihr, erschlägt sie mit dem Beil, ebenso ihre freundliche, geistig zurückgebliebene Schwester, um nicht wiedererkannt zu werden. Eine Truhe unter dem Bett der Alten raubt er aus, lässt das Gestohlene indes achtlos im Hinterhof liegen. Kein Beweis soll zu ihm führen. Er entkommt mit Mühe und Not, doch was er geplant hat, gelingt. Nichts deutet auf ihn hin. So weit die »Schuld«, das Verbrechen. Liest sich wie ein Krimi, doch *Schuld und Sühne* ist weit mehr, denn Raskolnikow hat die Morde nicht aus Lust am Töten begangen. »Ich wollte ein für allemal und schnell herausfinden, ob ich, wie alle, eine Laus war, oder ein Mensch.« Ein Mensch, das ist für ihn der überlegene Mensch, der über die stumpfe Herde seiner Mitmenschen hinausragt. Ein Herrenmensch, keine zitternde Kreatur, dem keine Schranke gesetzt ist.

»Verbrechen? Was für ein Verbrechen? Dass ich ein gemeines, schädliches Insekt umgebracht habe, das niemandem von Nutzen ist? War das ein Verbrechen? Ich denke nicht daran, und ich denke nicht daran, es zu sühnen.« Moral, Tugend, Gesetz, das ist für die Schwachen. Er gehört zu den Starken. Wirklich? Nein. Er verfällt tagelang in fiebriges Dämmern, findet keine Ruhe mehr. Er ist nicht der Übermensch ohne Gewissen, als der er sich so gern sieht, und genau das ist seine »Sühne«, oder besser: seine Strafe. Die Erkenntnis, dass er, dass keiner überlegen ist: Die Einsicht zerfrisst ihn. Aber nicht nur er selbst treibt sich damit in die Enge. Ein Ermittlungsrichter erkennt ihn als Schuldigen, doch ihm fehlt der Beweis, und Raskolnikow weiß das. Ein verzwicktes Spiel beginnt.

Und Dostojewskis eigenes Spiel? *Schuld und Sühne* war eine Gewinnerkarte, und er hielt eine zweite in der Hand: Anna Grigorjevna Snitkina, die Anna Dostojewskaja wurde. Keine leidenschaftliche Liebe, aber eine, die ihn rettete. Sie bootete Polina Suslova aus, nahm umsichtig das Geld in die Hand. Um die Gläubiger abzuwehren, entschied sie kurzerhand, ihren Schmuck zu versetzen, die Möbel zu verpfänden und mit dem Erlös Russland zu verlassen. Ein ruheloser Streifzug über Jahre, der abermals in die Spielsäle führte. »Ich bin dabei, etwas Wahnsinniges zu tun.« Dostojewski verlor, verlor, verlor. Er beschimpfte sich selbst als Lump, als Irren, als Dieb, die Sucht hatte ihn dennoch im Griff. Das alte Ende des alten Liedes: »Ich habe meinen Ring und meinen Wintermantel versetzt und alles verloren.« Sie gab ihr letztes warmes Wollkleid weg, sie hungerte mit ihrem Mann, aber sie gab ihn nicht auf. Ganz im Gegenteil: Zäh, geduldig, langmütig, Schritt für Schritt für Schritt brachte sie ihn vom Spielen weg. »Das Spielen war eine Kette für mich, aber jetzt werde ich an meine Arbeit denken und nicht mehr wie bisher endlose Nächte vom Spielen träumen.«

Er hielt sein Wort. 1871 Rückkehr nach Russland. An einem Spieltisch saß er nie wieder. Er tauschte ihn gegen den Schreibtisch. Zehn Jahre des Schreibens. *Der Idiot*: hervorragend. *Die Dämonen*: hervorragend. *Die Brüder Karamasow*: hervorragend. Und in diesem Buch versteckt, das ein Jahr vor seinem Tod erschien, eine wahre Perle: *Der Großinquisitor*. Ein kurzer Abschnitt nur in der ausladenden Geschichte um die drei Brüder Karamasow, aber einer, dem allenfalls die *Rede des toten Christus vom Weltgebäude herab, daß kein Gott sei* des deutschen Schriftstellers Jean Paul aus seinem *Siebenkäs* an die Seite zu stellen ist. Nur ein Blickwinkel daraus:

»Spanien, in Sevilla, auf dem Höhepunkt der Inquisition, als zum Ruhme Gottes im ganzen Land täglich die Scheiterhaufen loderten.« Ad maiorem Dei gloriam, zur größeren Ehre Gottes, wurden auf dem Kirchplatz hundert Ketzer verbrannt. Die Inquisition hat sie dem Feuer übergeben, das Kirchengericht aus Geistlichen, das den Auftrag hat, Glaubensabweichler vor allem durch die »peinliche Befragung«, die Folter, zu entdecken und auszumerzen. Über den Platz läuft ein Mann. Er sagt kein Wort,

aber alle erkennen ihn auf Anhieb: Jesus von Naza-
reth, der auf die Erde zurückgekommen ist. Er er-
weckt schweigend ein totes Mädchen zum Leben.
»In der Menge Freudentaumel, Schreie, Schluchzen.«
Einer jubelt nicht. Der oberste Kirchenrichter, der
Großinquisitor. »Sein Gesicht verfinstert sich. Er
runzelt seine grauen, dichten Brauen, und in seinen
Augen flammt ein unheilverkündendes Feuer auf. Er
weist mit dem Finger auf Ihn und befiehlt den Wa-
chen, Ihn zu ergreifen.« Totenstille. Die eben noch
Begeisterten verstummen in der Angst, selbst verhaftet zu werden.

Jesus wird in den Gerichtskerker geworfen. Der
Tag vergeht. In tiefer Dunkelheit öffnet sich die
eiserne Tür des Verlieses. Der greise Großinquisitor
betritt die Zelle. Er ist allein, die Tür hinter ihm wird
sofort geschlossen. »Warum bist du gekommen, uns
zu stören?« Der Gefangene schweigt, er wird auch
weiter kein Wort sagen. Nicht eines. »Morgen werde
ich das Urteil über dich sprechen.« Als schlimmster
aller Abweichler soll er brennen. »Dasselbe Volk, das
Dir heute die Füße küßte, wird morgen auf meinen
Wink die Kohlenglut Deines Scheiterhaufens schü-
ren.« Des Großinquisitors Vorwurf: Jesus habe nicht
das Recht, dem etwas hinzuzufügen, was er schon
früher gesagt habe. Nicht er, die Kirche sei die Ver-
künderin des Glaubens. Die Wahl zwischen Gut und
Böse, die Christus dem Menschen gelassen habe, sei
kein Segen, sondern Last. Zu schwach der Mensch,
zu unfähig, diese Freiheit zu ertragen. Die Kirche hat

das geändert. Sie gibt Regeln vor, Gesetze, die vor-
schreiben, was gut und schlecht ist. »Es war unmöglich, sie in größerer Verwirrung und Qual zurück-
zulassen, als Du es tatest, indem Du ihnen so viele
Sorgen und unlösbare Aufgaben zurückgelassen
hast.« Sie, die Kirchenführer, die wenigen Aus-
erwählten, ertrügen die furchtbare Freiheit des Willens. Deshalb wurde Christi Lehre verfälscht, die
sich nun nicht mehr auf Freiheit gründet, sondern
auf Unterwerfung, Wunderglaube, Geheimnis, Angst
vor der Hölle, Gehorsam, denn die Menschen ertragen die Freiheit nicht, sie sehnen sich nach Führung. Er führe die Menschen nicht aus Hochmut,
nein, aus Demut, denn er als Auserwählter trage die
Gewissensqual, die ihm auferlegt wurde, den Tod
weniger für das Wohlergehen vieler hinzunehmen,
um so das Glück der Menschen zu erreichen. Wer
gegen die Kirchenlehre aufbegehre, müsse daher vernichtet werden.

Jesus werde vernichtet werden, morgen, auf dem
Scheiterhaufen, damit er ihr Werk nicht zerstöre, damit er nicht wieder die Freiheit in die Welt bringe.
Vorwürfe ohne Antwort. »Der Greis wünscht, dass
er auch nur ein Wort an ihn richte, und sei es noch so
bitter, furchtbar. Er aber nähert sich plötzlich dem
alten Mann und küßt ihn still auf seine blutleeren
neunzigjährigen Lippen. Das ist seine ganze Antwort.« Der Greis erschauert. Seine Mundwinkel zu-
cken. Er geht zur Tür, öffnet sie. »Geh und komme
nicht wieder … Komme nie mehr wieder … Nie-

mals, niemals! Und er läßt Ihn hinaus.« Der Gefangene geht schweigend in die Dunkelheit.

Plagt das Gewissen so vieler unschuldig Hingerichteter das Gewissen des Kirchenrichters? Will auch er die Last der Freiheit loswerden? Hat die Geste der Liebe seine Schuld von ihm genommen? Ging ihm auf, dass nicht das Feuer, sondern die Liebe den Menschen erlöst? Ein rätselhafter Kuss. Auch Dostojewski schwieg sich aus. Kein Wort dazu in seinem letzten großen Buch *Die Brüder Karamasow*, mit dem er in die eigene Vergangenheit zurückkehrte. *Die Brüder Karamasow* nur grob, um mit ihnen auch den Lebenskreis Dostojewskis zu schließen. Viel zu grob und nur ein Schatten der Geschichte: Die Brüder Dimitri, Iwan und Aljoscha eint die Abscheu vor ihrem Vater, der auf seinem Landgut das Leben eines liederlichen Wüstlings führt. Dimitri gerät in Streit mit ihm, droht ihn umzubringen. Er wird tatsächlich ermordet, Dimitri als schuldig zur Zwangsarbeit in Sibirien verurteilt. Er nimmt die Strafe als Sühne für seinen Hass an. Aljoscha aber überredet ihn zur Flucht, denn nicht er, sondern Iwan hat einen Diener zum Mord angestiftet, der sich vor dem Gerichtstag erhängt. Ein Vater, ein Wüstling, ein Landgut, ein Mord. Die Erinnerung an den Tod des eigenen Vaters. Fjodor Michailowitsch Dostojewskis Lebensreise endete am 28. Januar 1881.

REISEN HEISST LEBEN!
*Hans Christian Andersen und
Antoine de Saint-Exupéry*

Auf Reisen immer ein Regenschirm dabei, um sich nicht zu erkälten, stets ein Seil im Koffer, das er ans Fensterkreuz band, um sich bei einem Brand abzuseilen. Ein Zettel neben seinem Bett, auf dem stand: »Ich bin nicht tot« oder »Ich schlafe nur«, aus Angst, lebendig begraben zu werden. Sein Diener warf den Zettel allmorgendlich ungerührt weg, er schrieb ihn allabendlich genauso unbeeindruckt wieder neu. Schinken aß er nie ohne die Furcht, sich zu vergiften, stundenlang stand er auf Bahnhöfen herum, um den Zug nicht zu verpassen, und saß er im Zug, war er überzeugt, im verkehrten zu sein. Schrecksam bei Hunden, selbst bei den kleinsten Pinschern, eingebildete Krankheiten, dünnhäutig überempfindlich bei berechtigten wie unberechtigten Vorwürfen, schrullig, niedergeschlagen, bedrückt.

Aber ebenso geistreich sich selbst auf den Arm nehmend, witzig, freundlich, schlagfertig: »Nennen Sie das Ding auf Ihrem Kopf einen Hut?« – »Nennen Sie das Ding unter Ihrem Hut einen Kopf?« Und, trotz aller Ängste, auch einer mit Mut und Neugier, der an der glühenden Lava des Vesuvs entlangkletterte, der halsbrecherische Bootsfahrten auf der Donau unternahm oder durch Wälder voller Räuberbanden reiste: Hans Christian Andersen, der beseelt war vom Glauben an den eigenen Ruhm, voll unbändigem Drang, bekannt zu werden. *Märchen meines Lebens* nannte er seine Lebensbeschreibung. Mit Recht. Armut, Erfolglosigkeit, Kampfeswille, Aufstieg, Berühmtheit. Eine erstaunliche Lebensbahn. Märchenhaft eben.

Am erstaunlichsten seine jungen Jahre. *Das häßliche Entlein*: »Es tut nichts, daß man auf dem Entenhof geboren ist, wenn man nur in einem Schwanenei gelegen hat.« Dänemark, Odense, 1805, Geburt als Kind armer Leute. Ein Schusterssohn. Die Mutter: von eher zweifelhafter Herkunft, konnte lesen, aber nicht schreiben, und endete als Trinkerin im Armenhaus. Der Vater: ein verschrobener Spinner, schwermütig, ständig mit Flausen im Kopf. Die Halbschwester: arm als Wäscherin lebend. Die Großmutter: zwei Kinder von zwei Vätern, Lebensende als Armenhäuslerin. Die Tante: Bordellwirtin, die bedauerte, dass er ein Junge war. Der Großvater: mit einem Papierdreispitz als Hut, mit Blumen behängt, lauthals singend, schlechtweg verrückt, dem die Gassenjungen nachjohlten. Und Andersen? »Ich will berühmt werden!« Eine Wahrsagerin, die darob den Kaffeesatz befragte, soll gesagt haben, dass zu seinen Ehren dereinst die Stadt Odense beleuchtet werden würde. Ein frommer Wunsch, auf dessen Erfüllung rein nichts deutete.

Er saß in der Armenschule, doch er hatte eine ehrgeizige Leidenschaft. »Es war ein völlig unerklärlicher Trieb, der mich beherrschte.« Der Trieb zum Theater. Aus der Bücherei des Pfarrers lieh er sich Shakespeare, aus den Figurenlisten, die ihm der Theaterplakatverteiler schenkte, erdichtete er sich ganze Stücke. Er schauspielerte vor sich hin, sang, erfand Geschichten, die er vortrug, doch ihm war eine Schneiderlehre zugedacht. Alles, bloß das nicht. »Ich weinte, ich bettelte, und schließlich gab meine Mutter nach.« Begabt, wie er war, hatte er Förderer gefunden, die ihm dreizehn Taler mit auf den Weg gaben, um in die Welt hinauszugehen und sein Glück als Schauspieler, Tänzer oder Sänger zu versuchen. »Meine Mutter packte ein kleines Bündel zusammen, sprach mit dem Postkutscher, ob ich als blinder Passagier mit nach Kopenhagen fahren könnte; das ließ sich machen.«

Vierzehn Jahre alt, hoch aufgeschossen, schlaksig

und ungelenk, mit schwindendem Geld und doch mit seinem Traum. Erster Versuch: Angetan mit seinen besten Kleidern, wie er glaubte, stand er vor dem Haus einer Tänzerin, an die er empfohlen war: Eine Dienstmagd gab ihm ein Almosen, weil sie ihn für einen Bettler hielt. Als er dann doch vortanzte, zog er die Stiefel aus, nahm seinen Hut als Trommel. Die Tänzerin hielt ihn für verrückt und beförderte ihn hinaus. Zweiter Versuch: Theater. Abgelehnt. Begründung: zu mager für die Bühne. Dritter Versuch: Musik. Er sang dem Leiter der Musikhochschule bei einer Abendgesellschaft vor, die so gerührt war, dass sie Geld für seinen Gesangsunterricht sammelte, den er nahm, bis er abgebrannt war. Einen Taler hatte er noch in der Tasche. Er schrieb daher einen Bittbrief in abenteuerlicher Rechtschreibung, mit der er zeitlebens auf Kriegsfuß stand, fand abermals Gönner, kam sogar in der Theatertanzschule unter und durfte in einem Ballett einen Troll tanzen. Wer's nicht weiß: Trolle sind in der nordischen Geisterwelt Unholde, die Riesen oder Zwerge sein können und im Gegensatz zu den Feen und Elfen böse sind. Nach seinem Tanzauftritt gelang Andersen, sich in die Gesangsschule des Hauses einzuschmuggeln und im Chor mitzusingen. Weil damit indes das Ende der Fahnenstange für ihn erreicht war, verlegte er sich darauf, Theaterstücke zu schreiben, die rundweg abgelehnt wurden, aber »so viele goldene Körner« enthielten, dass ihm angeboten wurde, die ihm mangelnde Bildung nachzuholen. Hans Christian Andersen, siebzehn Jahre alt mittlerweile, nach rund zwei Zigeunerjahren des Hungerns, mit nassen Füßen, im Winter ohne warme Kleider, ohne Geld für auch nur einen Bogen Papier, drückte wieder die Schulbank – mit den Schülern der zweiten Klasse einer höheren Schule.

»Die düsterste, die bitterste Zeit meines ganzen Lebens.« Auf einer Landkarte kannte er sich nicht aus, von mehr als Grundrechnen hatte er noch nie gehört, und sein Lehrer, bei dem er wohnte, war ein spöttischer Grobian. Genauso dessen Frau. Eine verlebte Alte mit falschen roten Locken, dick, ungepflegt, die gerne trank, und, zu Andersens Graus, sehr eindeutige Absichten auf ihn hatte, obwohl er so gar kein Schönling war. »Der Dichter Andersen. Eine lange, schlotterige, lemurenhaft-eingeknickte Gestalt mit einem ausnehmend häßlichen Gesicht.« Andersen und die Damen: Zeitlebens wird er sich immer wieder um sie bemühen und immer wieder auf die Nase fallen. *Des Kaisers neue Kleider*, *Die Schneekönigin*, *Der standhafte Zinnsoldat*, *Die Prinzessin auf der Erbse* – als Schriftsteller wird er von ihnen bewundert, verehrt, angebetet werden. *Die Galoschen des Glücks* aber hatte er nicht bei ihnen an. Sein Glück fand er im Schreiben. Andersen: »Nach und nach glänzt mein Name doch auf, und das ist auch das einzige, wofür ich lebe!« Und wie er glänzte. Aus dem hässlichen Entlein wurde ein stolzer Schwan. Nachdem er tatsächlich den Schulabschluss geschafft hatte, war für ihn kein Halten mehr. Er schrieb und schrieb, und sein Aufstieg kam tatsächlich dank eines bescheidenen Heftes.

Seine ersten Schreibarbeiten gingen recht gut. Wirklich zufrieden war er damit freilich nicht. Er haderte und jammerte, dass der ganz große Erfolg sich nicht gleich einstellte. Alle würden nur an ihm herumnörgeln, er fühle sich wie ein gehetztes Wild. Doch er beherzigte einen guten Rat: Nicht auf die Besprechungen seiner Bücher zu hören, nicht den Lesern hinterherzuschreiben, nicht nach deren Beifall zu lechzen, nicht alles gleich und auf der Stelle mit der allzu flinken Feder hinzuschreiben. »Schlitzen Sie nicht den Singvogel auf, um alle seine goldenen Eier auf einmal herauszunehmen!« Gemacht. Hans Christian Andersen ging auf Abstand. Mit zusammengekratztem Geld brach er auf. Über Frankreich nach Italien. Seine erste lange Reise. Die erste von sehr vielen. »Reisen heißt leben!« Oder anders: Reisen heißt lernen, Reisen bildet. Die Eindrücke, Erfahrungen, Erlebnisse wirken fort. Auch bei Hans Christian Andersen.

Beinahe zwei Jahre Sommer und Sonne, in denen sich sein Schreiben herausschälte, das 1835 in eben jenes Heftchen mündete: *Märchen, für Kinder erzählt.* Darin: *Das Feuerzeug, Die Prinzessin auf der Erbse, Der kleine Klaus und der große Klaus.* Noch im selben Jahr ein zweites Märchenheft mit *Däumelinchen, Der unartige Knabe, Der Reisegefährte.* Über einhundertfünfzig Märchen schrieb er insgesamt. Mit ihnen wurde er so berühmt, wie von Beginn an ersehnt, vor allem, weil die allermeisten von ihnen nicht überlieferte Volksmärchen wiedergaben. Andersen erfand seine Märchen selbst. Sie sind »Kunstmärchen« und wurzeln oft in der Gegenwart: Der kleine Kay tummelt sich auf dem Schlittenplatz, ehe er von der Schneekönigin entführt wird, Zeitungen werden gelesen, eine Prinzessin spielt Klavier, Zofen geben einen Kaffeeklatsch, ein König wischt sich die Augen mit seinem Schlafrock aus. Das war neu, das war anders. Der Fortschritt hatte in die Märchen Einzug gehalten, wohl auch, weil Andersen selbst technikbegeistert war. Er liebte die Eisenbahn, glaubte, die Technikwunder der Erfindungen würden ein goldenes Zeitalter für alle bringen. Er schrieb Märchen, doch rückwärtsgewandt war er nicht. »Aus dem Wirklichen sprießen gerade die wundersamsten Märchen.«

Das Es-war-einmal der morgenländischen Märchen, die in *Tausendundeiner Nacht* erzählt werden, ist nicht Andersens Welt, und das Märchenland, in das seine Geschichten hinübergleiten, ist überhaupt nicht brav. *Das kleine Mädchen mit den Schwefelhölzern* stirbt in der erbärmlichen Winterkälte, *Die kleine Meerjungfrau* opfert sich am Ende für den Prinzen, der sie nicht liebt. *Die roten Schuhe*: »Tanzen sollst du, in deinen roten Schuhen, bis du bleich und kalt wirst, bis deine Haut zu einem Gerippe zusammenschrumpft. Tanzen sollst du, tanzen.« Der Märchenzusatz »für Kinder erzählt« führt in die Irre. Nur Geschichten fürs Kinderzimmer sind sie nicht, ebenso wenig wie die meisten Volksmärchen, die von den Brüdern Jacob und Wilhelm Grimm in ihren *Kinder- und Hausmärchen* gesammelt wurden.

Andersen wurde berühmt. Königshäuser baten ihn zu sich, er wurde mit Auszeichnungen überhäuft, auf seinen Reisen huldigte man ihm, er war mit Charles Dickens befreundet, dessen Bücher *Oliver Twist*, *David Copperfield* oder *Eine Weihnachtsgeschichte* er schätzte, er lernte Victor Hugo kennen, der ihn mit Schlafrock, Unterbeinkleidern und eleganten Morgenschuhen empfing, er traf Honoré de Balzac, Heinrich Heine und Alexandre Dumas, der Ältere, der *Die drei Musketiere*, *Der Mann mit der eisernen Maske*, *Der Graf von Monte Christo* schrieb. Andersen starb am 4. August 1875, vierzig Jahre nach Erscheinen der ersten *Märchen, für Kinder erzählt*. Doch zuvor war ihm eine Ehre zuteilgeworden, die ihn besonders froh gemacht hatte, auch wenn ihn dabei elendes Zahnweh plagte: »Ich trat ans offene Fenster; alles strahlte im Fackelglanz, der Platz war ganz voll von Menschen, Lieder klangen zu mir herauf.« Um ihn zu feiern, war Odense, seine Geburtsstadt, erleuchtet worden.

Märchen: Seit Urzeiten werden sie erzählt, ob in der Kälte Islands oder in der Hitze der arabischen Wüste, ob in den regendampfenden Dschungeln Asiens oder in den weiten Ebenen Afrikas. Die Zeit der Märchen war weder mit Andersen noch den Brüdern Grimm vorbei. Das Nachschlagewerk sagt: »Märchen, vom mittelalterlichen, deutschen ›maere‹,

Kunde oder Nachricht, abgeleitet, phantasievoll ausgeschmückte, kürzere Erzählung, in der das Wunder vorherrscht.« Und märchenhaft ist somit auch die wunder-volle Geschichte *Der kleine Prinz* des Franzosen Antoine de Saint-Exupéry mit den weltbekannten Sätzen: »Man sieht nur mit dem Herzen gut. Das Wesentliche ist für die Augen unsichtbar« und »Du bist zeitlebens für das verantwortlich, was du dir vertraut gemacht hast«.

Der kleine Prinz mit dem weizenblonden Haar, der mitten in der Wüste auf einen abgestürzten Piloten trifft, erschien 1943, ein Jahr vor Antoine de Saint-Exupérys Tod. Saint-Ex, wie er genannt wurde, war selbst ein Flieger. Geboren im Jahr 1900 im französischen Lyon, war er nach dem Ersten Weltkrieg Militärflieger geworden. Fliegen war sein Leben, und das endete so geheimnisvoll wie sein Märchen um den kleinen Prinzen. Bei der Luftwaffe war er zunächst Mechaniker, dann Pilot, und das meiste, das er schrieb, drehte sich um die Fliegerei. Er flog für eine Luftfrachtgesellschaft die Routen Toulouse–Casablanca und Casablanca–Dakar und wurde Leiter eines gottverlassenen Flugplatzes in der Westsahara, den er gegen angriffslustige Beduinen sicherte und von dem aus er oft genug vermisste Flieger aus der Wüste rettete. In der öden Langeweile entstand *Südkurier*, das den letzten Flug eines Piloten schildert. Auch das folgende *Nachtflug* schöpft aus seinem Fliegerleben, diesmal in Argentinien, wo er Luftpostlinien einrichtete, die erste gefährliche Nachtflüge durchführten.

Als Versuchspilot für Wasserflugzeuge wäre Saint-Exupéry beinahe ertrunken, bei einem Streckenrekordversuch Paris–Saigon dann eine Notlandung in der Wüste bei Kairo, danach beim Rekordversuch New York–Feuerland schwere Verletzung bei einem Startunfall in Guatemala. 1939: Zweiter Weltkrieg. Saint-Exupéry wurde zu einem Aufklärungsgeschwader eingezogen. Nachdem Frankreich im »Blitzkrieg« die Waffen gestreckt hatte, setzte er sich nach Amerika ab, schrieb unter dem Eindruck seiner Kriegserlebnisse *Flug nach Arras* und bald darauf *Der kleine Prinz*, ehe er nach Europa zurückkehrte und für die alliierten Truppen von Korsika zu einem Aufklärungsflug abhob.

Es war der Morgen des 31. Juli 1944, als er die Motoren seiner »Lightning« anwarf, um nicht mehr wiederzukommen. Absturz über dem offenen Meer. Ein Eintrag in einem Kriegstagebuch soll ihm gegolten haben: »Aufklärer brennend über See.« Der »Messerschmitt« eines deutschen Jagdfliegers wurde der Abschuss gutgeschrieben. Erst unlängst fand ein Fischer sein Silberarmband im Meer, und Wrackteile seines Aufklärers wurden aus dem Wasser gezogen. Antoine de Saint-Exupérys Überreste wurden nicht gefunden.

Keine Grabstätte an Land, aber dafür ein Gedenken, das weit besser an ihn erinnert: Gut dreißig Jahre nach Saint-Exupérys Tod wurde ein Asteroid, ein um die Sonne kreisender Gesteinsbrocken, nach ihm benannt, denn auf einem kleinen Asteroiden lebt auch der kleine Prinz mit dem weizenblonden Haar. Kaum größer als ein Haus, fegt er auf ihm die Vulkane und reißt die Affenbrotbäume rechtzeitig heraus, damit deren Wurzeln nicht seine Heimat zerstören. Dann aber wächst eine wunderschöne Blume heran, die er hegt und pflegt. Doch als sie zur Rose erblüht ist, quält sie ihn mit ihrer Eitelkeit, bis er traurig den kleinen Planeten verlässt, um auf die Erde zu kommen. Hier verrät ihm ein Fuchs ein Geheimnis, nachdem der kleine Prinz ihn gefragt hat, was das Wort »zähmen« bedeute. Der Fuchs: »Du bist für mich noch nichts als ein kleiner Knabe, der hunderttausend kleinen Knaben völlig gleicht. Ich brauche dich nicht, und du brauchst mich ebensowenig. Ich bin für dich nur ein Fuchs, der hunderttausend Füchsen gleicht. Aber wenn du mich zähmst, werden wir einander brauchen. Du wirst für mich einzig sein in der Welt. Ich werde für dich einzig sein in der Welt …« Der kleine Prinz versteht. Die Rose, die er allein und traurig zurückgelassen hat, er hat sie und sie hat ihn gezähmt.

Und so sucht er den Weg zu ihr zurück. Mitten in der Wüste trifft er einen notgelandeten Flieger, der so einsam ist wie er selbst und dem er von seiner Reise durch das All berichtet. Wen hatte er nicht alles getroffen, was nicht alles an Törichtem erlebt, um die Einsicht zu finden, dass seine Rose für ihn einzigartig ist. Und so schließt er aus Heimweh und Sehnsucht mit einer giftigen Schlange einen Pakt. »Ich kann diesen Leib da nicht mitnehmen.« Die Schlange beißt ihn, er sinkt in den Sand. »Man soll nicht traurig sein um solche alten Hüllen.« Am nächsten Morgen ist er verschwunden, und auch der Pilot kehrt in seine Welt zurück, als es ihm gelingt, das Flugzeug zu reparieren. Ob der kleine Prinz und die Rose zueinanderkommen? Der Flieger hofft das genauso, wie er selbst hofft, den kleinen Prinzen wiederzusehen, eines Tages.

Ein schöner Gedanke, zu glauben, das Märchen ende gut, Prinz und Rose finden sich, doch leider: »Sie lebten glücklich bis an ihr Ende« – das gilt nur für die wenigsten Liebenden. Schon gar in der Welt der Bücher, in der die großen Liebesgeschichten gern übel ausgehen.

LIEBE KANN NICHT BEFOHLEN WERDEN
Victor Hugo und Gustave Flaubert

Damit zu den Bücher-Liebeshändeln oder, um den Buchtitel des Franzosen Choderlos de Laclos zu verwenden: zu den *Gefährlichen Liebschaften*. Gefährlich sind sie, weil über ihnen ein tödliches Schicksal waltet. Und so beginnt auch Victor Hugos *Der Glöckner von Notre-Dame*, erschienen 1831, mit dem altgriechischen Wort »ananké«, das »unentrinnbares Verhängnis, nicht abzuwendendes Schicksal« bedeutet. Eingekratzt an einer verborgenen Stelle in der Turmmauer der Kathedrale Notre-Dame de Paris, ist dieses Wort das letzte Zeugnis einer todesvollen Geschichte.

Aus ihr nur ein Erzählstrang von vielen: der hässliche Glöckner und die schöne Zigeunerin. Paris im späten Mittelalter, die längst nicht fertig gebaute Kirche Notre-Dame am Tag des 6. Januar 1482, dem Dreikönigstag, an dem rund um die Kirche ein zügelloses Narrenfest gefeiert wird. Der verwachsene Glöckner Quasimodo wird zum »Narrenpapst« gewählt, die Zigeunerin Esmeralda lockt das Volk mit ihrem Tanz. Beide kennen sich, denn Esmeralda hatte einst Mitleid für ihn gezeigt. Seitdem ist er ihr in heimlicher und freilich aussichtsloser Liebe ergeben. Für den vom Glockenlärm ertaubten Quasimodo endet das Fest allzu rasch: Sein Herr, der Domprobst von Notre-Dame, der finstere Claude Frollo, der im Ruf eines Hexenmeisters steht, schickt ihn verärgert in die Kirche. Er hatte den missgestalteten Quasimodo einst als Findelkind aufgenommen, ihn zum Glöckner gemacht und befiehlt ihm nun: in der Nacht Esmeralda entführen, denn auch Frollo liebt sie.

Die Entführung scheitert. Eine Streife der königlichen Bogenschützen verhindert sie, geführt von Phoebus de Châteaupers. Ein Frauenheld, ein Schönling, ein Blender. Esmeralda verfällt ihm, Frollo rächt sich an Châteaupers. Wenn er sie nicht haben kann, dann keiner. Er sticht den Rivalen nieder, den Mord aber schiebt er Esmeralda in die Schuhe. Die Zigeunerin, die er zudem als Hexe verleumdet, wird dem Gericht übergeben. Eine Rechnung ohne Quasimodo. Er rettet sie vor der öffentlichen Hinrichtung, schafft sie in die Kirche Notre-Dame. Heiliger Boden, auf dem sie vor Verfolgung geschützt ist. Doch Frollo bewirkt die Aufhebung des Kirchenasyls. Die »truands«, die Bettler, Diebe und Halsabschneider von Paris, zu denen Esmeralda gehört, greifen zwar die Kathedrale an, um sie zu retten, doch der Sturm wird blutig niedergeschlagen. Der König duldet keinen Aufruhr. Frollo bietet der Zigeunerin die Flucht mit ihm an, sie lehnt ab, er liefert sie mit einer List dem Gericht aus, sie wird gehängt, und Frollo weidet sich an ihren Todesqualen. Zu viel für Quasimodo. Er stürzt seinen Herren von einem Turm der Kirche in die Tiefe. Doch auch sein eigenes Leben ist zerstört. Er stirbt trauernd am Grab seiner Liebe. So viel dazu.

Nun wäre von der beeindruckenden Bildgewalt zu reden, mit der Victor Hugo das ausgehende Mittelalter heraufbeschwört, oder davon, wie er den Umweg des historischen Romans wählt, um die Gesellschaft Frankreichs seiner eigenen Lebenszeit zu beschreiben. Und natürlich wäre von einem zweiten Buch des Victor Hugo zu reden, *Les Misérables*, *Die Elenden*, erschienen 1862. Die Geschichte des Häftlings Jean Valjean, der für den Diebstahl eines Brotes fast zwanzig Jahre abbrummt, nach seiner Entlassung einem gütigen Seelsorger begegnet, der ihm auf die Beine hilft, so dass er zwar Reichtum und Ansehen erwirbt, seiner verheimlichten Vergangenheit aber doch nicht entkommen kann. Ebenso wäre von Victor Hugos Leben zu reden, 1802 bis 1885, das zwar kein langer ruhiger Fluss, aber auch kein übergroßer Aufreger mit mörderischen Klippen war – würde sich bei den Stichworten Frankreich und 19. Jahrhundert nicht sofort die nächste berühmt gewordene Liebesgeschichte aufdrängen: *Madame Bovary*, erschienen 1857, gleichfalls geschrieben von einem Franzosen.

Gustave Flaubert, 1821 bis 1880: Verschlossen war er und düster. Er liebte das Schweigen. Schon seine Eltern waren nicht sonderlich fröhlich. Den Vater, Arzt in der Anatomie, beobachtete er aus einem Versteck beim Öffnen der Leichen. Sein Kindheitshaus war ein Totenhaus. Ein schwieriges, aber freundliches Kind. Er galt als ein bisschen zurückgeblieben. »Sein Hirn ist zu groß, das verwirrt ihn.« Die Schule traf ihn daher hart. Sehr hart. Er quälte sich durch. Mit neunzehn erst brachte er sie hinter sich. Er hatte sich zum hervorragenden Schüler gemausert, aber die Hänseleien der Mitschüler und die brutale Gewalt der Lehrer hatten ihn verätzt. Seine Freundlichkeit war dahin. Grüblerisch war er geworden, wutglühend, voll Lebensekel bereits in jungen Jahren. »Augen von auffallender Zartheit, weite Kinderaugen, blau, klar und gut.« Als wahre Schönheit wurde er beschrieben, blond und gut gewachsen, doch auch das änderte sich. Grobschlächtig wurde er, mit Bauch und Bart und Tränensäcken, plump und täppisch wie ein Bär, der sich in Gesellschaft schüchtern in die Ecken drängte.

Auf seine Kleidung dagegen legte er Wert. Sie war seine schützende Rüstung. Mit Pluderhose und funkelnden Lackstiefeln putzte er sich heraus. »Der Mann in Rot« wurde er genannt. »Der hat nur eines im Kopf: einen Hanswurst aus sich machen.« Ein Dandy wie Oscar Wilde. Den Einsamen, Empfindsamen, Liebevollen hinter der Maske sahen auch bei Flaubert nur wenige. Seine beste Eigenschaft: Er hielt unbeirrt treu zu seinen Freunden. Einmal Freund, immer Freund, auch wenn er sie in seinem schnell verrauchenden Jähzorn als »Bürogockel«, »Boudoirfrettchen« oder »Profitbruder« beschimpfte. Ein Hund, der bellt. Als seine Nichte in höchste Schuldennot kam, überschrieb er ihr mit einem Federstrich sein beträchtliches Vermögen, weit über eine Million, um danach selbst arm zu sein. Er hat nie darüber geklagt. Sonst aber war er so reizbar, dass er vor Zorn schreien konnte, wenn etwa Feder und Federmesser nicht zu finden waren. Er trank Unmengen, rauchte ständig, nahm täglich heiße Bäder, um seine Unruhe zu dämpfen, doch das half nicht. Ein ungesundes Leben, mit dem sich die Gereiztheit zu wiederkehrenden Krampfanfällen steigerte, die als Fallsucht, Epilepsie, gedeutet wurden. Vor ihnen lebte er so sehr in Furcht, dass er sich Wochen um Wochen wegschloss, damit niemand die Anfälle sah.

Alt geworden, musste ihn aus Angst vor den Ohnmachten ein Freund abholen, falls er zum Essen ausging. Falls. Er war ein Nachtarbeiter, der untertags schlief, ein Stubenhocker, dessen einzige Bewegung oft nur die zu Tisch war, an dem er üppig speiste. Nur der Schreibtisch war so groß wie sein Esstisch.

Die Völlerei, das Dauerschreiben in der Nacht: Die
Anfälle häuften sich. Er zog sich zum Bedauern seiner Freunde noch weiter zurück. »Ohne ihn ist nichts
mehr los, niemand kommt mehr, niemand schmatzt
mehr, niemand brüllt mehr.« Flaubert – ein Mann
der Widersprüche. »Ein wildes närrisches Leben.« Er
war verschwenderisch, doch machte er niemals Schulden. Allein der Gedanke, in Geldnot zu geraten, versetzte ihn in Unruhe, und dennoch opferte er alles,
um zu helfen. Mit Pfeifchen, Mütze und Pantoffeln
bürgerlich hausbacken, hasste er das geldsatt ge-
schniegelte Bürgertum, gleichwohl er selbst zu den
Reichen zählte. War er zu Gesellschaften eingeladen,
verstummte er, weil ihn deren plattes Geplauder auf-
regte. Aus Hohn schrieb er sogar ein »Wörterbuch
der Phrasen«, in das er sämtliche Hohlheiten, Ge-
meinplätze und Dummwörter eintrug, die ihm die
Ohren verstopften. Sein »Evangelium der Verachtung«. Wurde er zu Abendessen geladen, musste ein
Nebenzimmer für ihn freigeräumt werden, weil er
beim Essen Frack und Schuhe auszog.

Sein eigenes Urteil über sich: Schwermut ohne
Ende beherrsche ihn. »Eine nachtschwarze Trauer,
ein Schmerz, der mich fast umbringt.« Zugleich war
er gütig, trotz ausufernder Schreibarbeit beantwor-
tete er jeden, aber auch jeden Brief, und Bewunderer
empfing er mit Liebenswürdigkeit. Seine Ausbrüche
milderte das nicht. Im Alter wurde alles noch weit
schlimmer. Immer mehr Wutausbrüche, und seine
Aufzeichnungen strotzten von übelsten Schimpfwör-

tern. Seine schlechten Witze waren berüchtigt. »Daher kommt es auch, dass er in den Salons und bei den Frauen keinen Erfolg hatte. Man fand, er habe den Humor eines Handelsvertreters.« Flaubert: ein zutiefst Unglücklicher. Nur an seinem Schreibtisch atmete er auf. Misstrauisch aber blieb er auch dort. Hörte er ein Geräusch vor der Tür, wurde er argwöhnisch, betrat einer sein Schreibzimmer, verdeckte er die eben geschriebene Seite mit einem Tuch.

Und Flaubert schrieb unentwegt, von zehn Uhr abends bis vier Uhr morgens, und er schliff seine Sätze mit der ganz kleinen Feile. Ein mühseliges Unterfangen, ein zäher Kampf um jedes Wort. Nachgeben aber kam nicht in Frage, bis alles für ihn stimmte. Auch im Schreiben galt: »Er ist ein Wilder.« Gustave Flaubert presste sein Hirn aus, bis nichts mehr ging. Ausgelaugt und müde überfiel ihn der Tod mit einem Schlag. 8. Mai 1880: Die Nacht durch hatte er gearbeitet, gegen Mittag war er aufgestanden, hatte sich das gewohnte heiße Bad eingelassen, in dem er wie üblich pfeiferauchend Briefe las. Er fühlte sich schlecht. Seine Köchin rannte zum Hausarzt, doch zu spät. Er fand ihn mit hochrot gedunsenem Gesicht. Schwacher Puls, dann stand das Herz still.

Der Tod war sein Entkommen aus dem Teufelskreis von Schreibschwerstarbeit, Zorn und Niedergeschlagenheit, aus den ihn zeitlebens auch die Damen nicht befreiten. »Ich habe auf dem Papier eine Fähigkeit zur Leidenschaft.« Doch oft nur auf dem Papier. Die glückliche Hand bei der Damenwahl fehlte ihm. Eine seiner Liebschaften, die sich auch mit anderen vergnügte, wurde schwanger. Als sie deswegen auf die Schippe genommen wurde, kaufte sie ein Küchenmesser, das sie dem Beleidiger zwischen die Schultern rammte. Der Ärmste überlebte, und er rächte sich. Messer und Mantel stellte er mit einem Schild aus: »Als Geschenk von Madame Colet erhalten, in den Rücken.« Flaubert zumindest kam bei ihr ungeschoren davon. Waren ihm Damen geneigt, spielte ihm jedoch meist seine Schüchternheit Streiche. Der einsame Flaubert hatte Liebhaberinnen, aber mehr auch nicht. Die wahre Leidenschaft des Gustave Flaubert waren nicht die Frauen, sondern eben das Schreiben, das ihn zur Berühmtheit machte, vor allem weil er über eine Dame schrieb, die so unglücklich liebte wie er selbst: *Madame Bovary*, ein Buch mit einer erstaunlichen Vorgeschichte.

Gustave Flaubert lud Freunde ein, ihnen den Entwurf seines ersten Buches vorzulesen, das er gelungen glaubte. Er nahm ihnen das Versprechen ab, ihn währenddessen nicht zu unterbrechen. Sie stimmten zu. Flaubert las vier Tage lang, täglich acht Stunden, ohne Pause bis zur völligen Erschöpfung. Sie saßen und schwiegen. Ihr Urteil aber fiel unbarmherzig aus. Taugt nichts. Gustave Flaubert war am Boden zerstört. Sie schlugen ihm jedoch die berüchtigte »Affäre Delamare-Bovary« als Stoff für einen Roman vor: ein gehörnter Ehemann, dessen Frau Delphine Delamare sich vergiftet hatte. Er nahm den Rat an.

Fünf Jahre mühte er sich ab, voll »grauenhafter

Anstrengung«, »Sklavenarbeit«, Tag für Tag, bis er *Madame Bovary. Ein Sittenbild aus der Provinz* fertig hatte: Der schüchterne Charles Bovary ertrug schon den Hohn seiner Mitschüler genauso stumpf und stumm, wie er als Landarzt in einem Nest gleichmütig vor sich hin arbeitet. Ihrer Rente wegen heiratete er eine Witwe, dann aber trifft er auf die wohlbehütete Emma, die ihm als künftiges Glück erscheint. Nach dem Tod der Witwe wird sie seine Frau. Im Kloster erzogen, verlief Emmas Leben eintönig und ereignislos. Von der Heirat verspricht sie sich endlich mehr Aufregung, doch auch ihre Ehe vertreibt die Langeweile nicht. »Die Zukunft war ein langer, stockfinsterer Gang, der mit einer fest verriegelten Tür endete.« Mit rührseligen Schmökern träumt sie sich schwärmerisch weg, empfindsam ist sie bis zur Empfindlichkeit. Sie erkrankt. Ein für Bovary unerklärliches Nervenleiden. Sie ziehen in das Dorf Yonville-l'Abbaye. Ein Umzug, von dem er sich Linderung für sie verspricht.

Im Haus des Apothekers Homais aber trifft Madame Bovary auf den jungen Schreiber Léon, der ihr den Hof macht. Er ist eine Abwechslung für sie, ebenso wie die Tochter, die sie zur Welt bringt. »Das Kind von Charles« freut sie indes kaum. Emma Bovary gefällt sich als tugendhafte Ehefrau, die mit Léon den schönen Schein einer Seelenverwandtschaft spielt. Weil seine Neigung zu ihr hoffnungslos ist, verlässt er das Dorf. Wieder Langeweile für Emma Bovary, die beginnt, ihren drögen Mann zu hassen.

»Die Selbstverständlichkeit, mit der er annahm, dass er seine Frau glücklich mache, empfand sie als Schwachköpfigkeit.« Sie verfällt darauf, ihre wuchernde Schwermut mit verschwenderischer Luxussucht aufzuwiegen, und verschuldet sich dabei mehr und mehr bei dem Händler Lhereux. Charles Bovary verschweigt sie die Schulden, und sie verschweigt ihm den Gutsbesitzer Rodolphe Boulanger, dem sie sich bei einem Ausritt hingibt. Ihr Traum scheint wahr zu werden. Sie steigert sich in eine kopflose Liebe hinein, für Boulanger aber war sie nur eine nette Belanglosigkeit. Ihre hochtrabenden Fluchtpläne sind nichts für ihn. Er lässt sie stehen.

Wieder Krankheit, wieder Trostlosigkeit, die sie nun doch in ein Verhältnis mit dem Schreiber Léon treibt. Besser als nichts. Sie lügt Charles vor, Klavierstunden zu nehmen, um ihren Geliebten zu treffen. Bald aber werden auch diese Schäferstunden für sie fade Gewohnheit. Als der Wucherer Lhereux Geld sehen will, nimmt das Unglück seinen Lauf. Léon kann ihr nicht helfen, Boulanger, dem sie sich als Gegenleistung anbietet, will ihr nicht helfen. Sie schleicht sich zum Apotheker Homais, schluckt in ihrer Verzweiflung Arsen, stirbt in qualvollem Todeskampf. Charles Bovary verwindet ihren Tod nicht. »Das Schicksal ist schuld.« Ihre offenen Rechnungen treiben ihn in die Armut. Als er Emmas Briefe an Léon und Rodolphe findet, ist er endgültig gebrochen. Er stirbt. Die unglückliche Tochter wird zur Arbeit in eine Baumwollspinnerei geschickt.

Alles sehr traurig, aber Gustave Flauberts Schreiben hält die Trauer auf Abstand. Sein Erzähler steht auf keiner Seite, er wertet nicht, zieht keine Folgerungen. Flaubert: »Der Autor muss in seinem Werk wie Gott im Weltall sein, überall anwesend und nirgends sichtbar.« So umkreist er das bedrückende, lähmende Einerlei eines Provinznestes, seine Enge, seinen immergleichen unbeweglichen Dunst. Flaubert beschreibt »meinungslos«, aber bildgewaltig, ausladend und dennoch nüchtern und sachlich. Gerade die Nüchternheit aber entlarvt die kleinlichen Bürgerlichkeiten, und sie galt als Neuerung im Schreiben, das bislang vorzugsweise auf empfindsame Gefühle gesetzt hatte, auf Rosarotromantik und Liebesschwulst. Flaubert dagegen führte die Feder wie ein Skalpell, er legte seine Figuren unter die Lupe. Und er beschreibt sehr genau. Zu genau für damalige Spießbürger. Der Roman sei überschwemmt mit Schmutz, ein Misthaufen, er dürfe in keiner anständigen Wohnung stehen, sei Unrat. Flaubert wurde angeklagt, doch das Verfahren endete ohne Ergebnis. Viel Lärm um nichts. Der Angeklagte wurde freigesprochen, der Gesellschaftsskandal jedoch war dem Buch mehr als förderlich. Auch Yonville-l'Abbaye lebt gut von ihm, denn noch immer pilgern Bovary-Jünger zu Emmas Haus, besuchen den Grabstein »Delamare«, wallfahren zur Apotheke Homais.

Mit dem Wort »Schicksal« beginnt Victor Hugos *Glöckner von Notre Dame*. Für Charles Bovary ist Emmas Untergang »Schicksal«, und noch ein Stern am Bücherhimmel ist mit diesem Wort untrennbar verbunden: *Anna Karenina*. Diese Ehebruchs-, Seitensprung- und Verführungsgeschichte wegzulassen, geht nicht. Was bedeutet: noch einmal nach Russland zurückkehren. Lew Nikolajewitsch Graf Tolstois *Anna Karenina*, abgeschlossen 1877, acht Jahre nachdem er mit *Krieg und Frieden* den großen Roman über das zaristische Russland zu Beginn des 19. Jahrhunderts beendet hatte. Jung, bezaubernd schön, klug, anmutig, warmherzig, rein, schlittert Anna Karenina aus der glücklosen Ehe mit dem Staatsbeamten Fürst Oblonski ins Verderben, nachdem sie unwiderstehlich dem schneidigen Offizier Graf Wronski verfallen ist. Leidenschaftlich ist sie auf der Suche nach ihrem Glück. Das aber wird ihr verwehrt. Anders als Emma Bovary verheimlicht sie nichts. Bedingungslos entscheidet sie sich für ihren Geliebten, lässt Kind und Mann zurück, dem sie trotz allem über Jahre treu war. Eine Treue ohne Liebe.

Sie trifft der Bann der Gesellschaft, die in ihrer Liebe nur einen erbärmlichen, nicht hinzunehmenden Fehltritt sieht. Aufrichtige Leidenschaft in einer unaufrichtigen Gesellschaft, die Anna Karenina ausstößt. Noch verzweifelter klammert sie sich daher an ihre Liebe, die sie um jedweden Preis zu bewahren sucht. Ein Leidensweg beginnt, denn je mehr sie sich an Wronski klammert, desto fremder wird sie ihm. Eifersucht, Hass, Streit münden für sie in Hoffnungslosigkeit. »Liebe kann nicht befohlen werden.« Gehetzt von Verleumdungen und Selbstvorwürfen, wirft sich Anna Karenina schuldgeplagt unter einen Zug. »Die Kerze, in deren Schein sie das von Unruhe, Täuschungen, Kummer und allem Bösen erfüllte Buch ihres Lebens gelesen hatte, strahlte heller auf denn je, beleuchtete noch einmal alles, was bisher in undurchdringlichem Dunkel für sie gelegen hatte, knisterte, wurde schwächer und erlosch für immer.«

Anna Karenina eine schuldhafte Ehebrecherin, die sich selbst richtet? Nicht ganz, denn sie ist vor allem ein Opfer. Der frostige, kühle Oblonski, die vertrocknete »Beamtenmaschine«, vertrieb sie mit seiner steifen, engen Gefühllosigkeit, ihr Geliebter Wronski versteckt unter der Schale glanzvollen Auftretens nur Mittelmäßigkeit. Solange ihre Leidenschaft ihm schmeichelte, glaubte er, sie zu lieben. Je verzweifelter sie aber an ihm festhält, desto gefühlskälter wird er. Er schreckt vor der alles verschlingenden Maßlosigkeit ihrer Zuneigung zurück. Auch er scheucht die Verachtete in den Tod.

Esmeralda: tot. Emma Bovary: tot. Anna Karenina: tot. Die Bücherliste toter Frauen ist lang, und wenn sie schon nicht so opferwillig sind wie Alexandre Dumas' *Kameliendame*, die auf ihren Geliebten verzichtet und verwelkt, und wenn sie nicht selbst den Tod suchen wie Gretchen in Goethes *Faust*, so sterben sie wie Lolita im Kindbett. *Lolita*: die verhängnisvolle Liebschaft des bedauernswerten, aber trotzdem üblen Schurken Humbert Humbert. Erschienen 1955, geschrieben von Vladimir Nabokov, 1899 bis 1977, Schriftsteller und anerkannter Schmetterlingsforscher, der als Kind vor der Revolution aus Russland, später vor den Nationalsozialisten aus Deutschland floh und als Amerikaner in der Schweiz starb. *Lolita* war so skandalträchtig, dass keiner das schlüpfrige Buch in den überaus prüden Nachkriegsjahren bringen wollte. Wenig verwunderlich, denn das Buch erzählt die freizügige Geschichte der Liebe eines Älteren zu einem frühreifen Kind. Nabokov hätte die Handschrift in einem Zerstörungsanfall beinahe ins Feuer geworfen. Hat er nicht. Zum Glück. Auch zu seinem eigenen. »Lolita ist berühmt, nicht ich.« Stimmt nicht ganz, denn das Buch brachte ihm Weltruhm ein.

Nabokov war in zwei Sprachen zu Hause, Englisch und Russisch. Er schrieb in beiden. »Niemand kann entscheiden, ob ich ein mittelalter amerikanischer oder ein alter russischer Schriftsteller bin – oder ein altersloser Freak.« In Sankt Petersburg reich geboren, mit Stadtwohnung und Landgut, verlor seine Familie alles in der Russischen Revolution von 1917, obwohl der Vater als Abgeordneter den Zaren abkanzelte. Er war geadelt worden, doch der »Kammerherr« wurde ihm wieder aberkannt, weil er sich zu freiheitlich gab. Als er gegen die Auflösung des unliebsamen Parlaments durch den Zaren protestierte, wanderte er ins Gefängnis, danach durfte er kein politisches Amt mehr ausüben. Dennoch mussten er und seine Familie vor den »Roten« fliehen, weil sie zu den Begüterten gehört hatten. Erste Fluchtstation: England. Vladimir Nabokov schrieb sich in

Cambridge ein, um russische und französische Literatur zu studieren. Er schloss mit Auszeichnung ab. Er selbst sagt, er habe die Bücherei niemals betreten. Fußballspielen, Tennis, Mädchen lagen ihm mehr.

Zweite Fluchtstation: Deutschland, Berlin. Sein Vater wird in einer politischen Versammlung in der Berliner Philharmonie erschossen, als er sich vor die Mündung eines Attentäters warf, der auf den Redner feuerte. Für Vladimir Nabokov ein harter Schlag. Um sich in den Wirren der Weimarer Republik über Wasser zu halten, gab Nabokov Stunden in Englisch, Russisch, Tennis und Boxen. Nabokov war in seinem Leben so einiges: Übersetzer, unter anderem von Lewis Carrolls *Alice im Wunderland*, Filmstatist, Collegelehrer, Erntehelfer, Schmetterlingsforscher, Literaturprofessor. Südfrankreich war die dritte Fluchtstation. Da seine Frau eine russische Jüdin war, hatten die beiden 1937 aus Nazideutschland fliehen müssen. Nach der deutschen Besetzung Frankreichs gelangten sie mit einem der letzten Schiffe nach Amerika, der vierten Fluchtstation. Einer seiner Brüder dagegen starb im Konzentrationslager. Jahre nach dem Zweiten Weltkrieg übersiedelte er schließlich in die Schweiz. Er lebte in der Dachsuite des Palace Hotels von Montreux. *Lolita* hatte ihn wohlhabend gemacht.

Ein Mann sitzt im Gefängnis. Er wartet auf seine Verurteilung. Er nennt sich Humbert Humbert. Lange hatte er seine unerlaubte Leidenschaft für kleine Mädchen hinter erwachsenen Liebhaberinnen verborgen.

Die erste Liebe seines Lebens war eine Vierzehn-
jährige, die bald starb. Seitdem steht er auf »Nymph-
chen«, Kindfrauen. Um eine Erbschaft anzutreten,
reist er nach Amerika. Im verschlafenen Ramsdale
mietet er sich bei der Witwe Charlotte Haze ein, die
ihn begehrt. Aber: Sie hat eine Tochter, Dolores,
zwölf Jahre alt. »Sie war Lola in Hosen. Sie war Dolly
in der Schule. Sie war Dolores von Amts wegen. Aber
in meinen Armen war sie immer Lolita.« Die Gelegenheit ist wie für ihn geschaffen. Er heiratet die
Witwe, um mit der Tochter unter einem Dach zu
leben. Die Gattin kommt ihm auf die Schliche. Als
sie Lolita aus dem Haus werfen will, will er sie töten,
doch ein Autounfall kommt ihm zuvor.

Um den neugierigen Blicken der Nachbarn zu
entgehen, reist er mit Lolita als »Vater und Tochter«
kreuz und quer durch die Staaten. Ein qualvolles Jahr
verbringen sie miteinander, denn Lolita, die sich von
ihm verführen lässt, ist alles andere als eine Unschuld. Aufreizend stachelt sie seine Leidenschaft an,
ohne ihn zu lieben. Ihre Gunst muss er sich erkau-
fen, sie erpresst ihn für ihre Verschwiegenheit. Und
dennoch hintergeht sie ihn mit einem Unbekannten,
mit dem sie insgeheim verabredet, durchzubrennen.
Lolita verschwindet. Humbert Humbert macht sich
auf eine irrwitzige Suche durch das Land von Motel
zu Motel. Jahre später aber schreibt sie ihm. Sie
braucht Geld. Er eilt zu ihr, doch er findet sie reiz-
los und verblüht, schwanger und verheiratet. Dolly
Schiller weigert sich, zu ihm zurückzukehren, aber

sie verrät Humbert Humbert ihren »Entführer«, mit dem sie einst durchgebrannt war. Name: Clare Quilty, der mit Lolita nichts Gutes im Sinn hatte. »Er hatte zwei Mädchen und zwei Jungen oder drei oder vier Männer, und wir sollten uns alle nackt durcheinandermischen, während eine alte Frau Filmaufnahmen machte.« Humbert Humbert rächt sich an Clare Quilty. Er tötet ihn, und für den Mord sitzt er ein. Das Ende der Geschichte: Lolita stirbt im Kindbett, Humbert Humbert stirbt noch vor seiner Verurteilung.

Lolita erlangte zuerst Ruhm im Untergrund, ehe das Buch seinen öffentlichen Siegeszug antrat. »Jenseits der Geschmacksgrenze«, »fragwürdiges Thema«, »Sex – ohne Pünktchen«: Keine Frage, *Lolita* verführte zum Lesen. *Lolita* aber braucht den gewieften Leserblick. Wer hat Schuld auf sich geladen? Humbert Humbert mit seiner kranken Neigung zu Kindern? Das Kind, das keines mehr ist? Die durchtriebene, reizende, verlockende Verführerin? Ahnt sie, was sie anrichtet? Weiß sie gar, was sie tut? Das ist die fast fiese Kunst des Vladimir Nabokov, dass alles Böse zugleich gut, alles Gute zugleich böse ist. Dadurch kann er Humbert Humbert so glaubwürdig erzählen lassen, dass er überzeugt, keine abartige Leidenschaft, sondern eine wirkliche Liebesgeschichte gelebt zu haben. Seine Lügen zu durchschauen ist nicht eben einfach, und das Buch ist gespickt mit Einzelheiten, die bedeutsam, aber leicht zu übersehen sind. Nur ein Beispiel: Das Auto, mit dem sie durch die Staaten irren, ist eine erfundene Marke, »Melmoth«. *Melmoth der Wanderer*, erschienen 1820, ist die für das ganze Jahrhundert richtungweisend gewordene Schauergeschichte des Iren Charles Robert Maturin, in der Melmoth einen Handel mit Satan abschließt und diesem nach einer Irrfahrt von hundertfünfzig Jahren seine Seele übergeben muss. Melmoth ist auch der Deckname, den sich Oscar Wilde in den letzten Jahren seines Lebens nach seiner Haftzeit gab. Ein ungeschriebenes Lesegesetz lautet also: Lesen bildet, aber ohne Bildung ist kein wirkliches Lesen möglich. Und damit genug von all den Liebestoten, und zu guter Letzt zu dem Buch, das eine erkleckliche Leserzahl für das beste Buch der Welt hält: Miguel de Cervantes Saavedras *Don Quijote*.

DIE FEDER IST DIE SPRACHE DER SEELE
Miguel de Cervantes Saavedra

Spanien, Alcalá de Henares. Im Jahr 1547 wird Miguel de Cervantes geboren. Während das Leben der meisten Schriftsteller von Rang von ihren Briefen und Tagebüchern oder in Aufzeichnungen von Freunden, Bekannten, Kollegen beleuchtet wird, bleibt Cervantes über weite Lebensstrecken verborgen. Keine Erinnerungen, die er festhielt, kaum Aussagen von Weggefährten. Das meiste über sich verrät er in seinen Büchern. Doch was bekannt ist, reicht für eine eigene Abenteuergeschichte.

Miguel de Cervantes war ein »hidalgo«, ein niederer Adliger. Von Schulden des Vaters ist die Rede, der dafür ein halbes Jahr ins Gefängnis ging. Ordensschule, die Städte Cordoba, Sevilla, Madrid sind Stationen der frühen Jahre. Greifbarer wird Cervantes im Jahr 1568. Im Streit verwundete er seinen Gegner. Er stahl sich aus Madrid davon. Der Fall kam dennoch vor Gericht, das den Flüchtigen zum öffentlichen Abhacken seiner rechten Hand und zu zehn Jahren Verbannung verurteilte. Gegen Cervantes wurde Haftbefehl erlassen. Doch zu spät. Er war nach Italien geflohen. Zwei Jahre darauf, 1570, trat er als unbekannter Musketier in das spanische Regiment Neapels ein. Soldat mit Haut und Haar, diente er 1571 als Marineinfanterist an Bord der Galeere »La Marquesa« in der entscheidenden Seeschlacht von Lepanto gegen die Türken.

Die Schlacht endete mit einem Sieg der »Liga Santa«, der heiligen Liga, die aus Spanien, Venedig und dem Vatikan gebildet wurde. Die türkische Vorherrschaft im Mittelmeer war gebrochen. Doch Cervantes hatte Fieber. Ihm war befohlen worden, unter Deck zu bleiben. Er dagegen hatte seinen Hauptmann gebeten, ihm den gefährlichsten Einsatz zu geben. Am Ende der Schlacht war Cervantes von zwei Büchsenschüssen in die Brust getroffen, seine linke Hand zerschmettert worden. Die Hand musste ihm abgesägt werden. »Der Einhändige von Lepanto« wurde er fortan genannt. Kaum ausgeheilt, meldete sich Cervantes abermals zu neuen Kriegsfahrten, zusammen mit seinem Bruder Rodrigo, der zu ihm

gestoßen war. Beider Tapferkeit brachte ihnen die
Aussicht auf Beförderung zum Offizier. Ihr Ober-
befehlshaber stellte ihnen Empfehlungsschreiben für
den spanischen König aus. Der einstige Haftbefehl
war vergessen. Die Schreiben zu übergeben, gingen
sie in Neapel an Bord der Galeere »Sol«. Miguel de
Cervantes' Glücksstern war aufgegangen – und ver-
löschte gleich wieder.

1575. Ein Sturm trieb die Galeere aus ihrem Ge-
leitzug. Leichte Beute, die von Seeräubern gekapert
wurde. Die Brüder wurden nach Algier in Nord-
afrika verschleppt, um auf dem Sklavenmarkt verkauft zu werden. Ihre Empfehlungsschreiben aber
kamen ihnen zugute. Mit der Aussicht auf hohes
Lösegeld wurden sie besser behandelt. Die Brüder
wurden getrennt. Rodrigo wurde freigekauft, Miguel
nicht. Für beide reichte das Geld der Familie nicht.
Mal saß Miguel de Cervantes hinter Schloss und Rie-
gel, musste Ketten und Fußeisen tragen, mal wurde
ihm freier Ausgang in Algier erlaubt, doch vom ersten
Gefangenentag an wollte er fliehen. Auf Flucht aber
stand die Todesstrafe. Erster Fluchtversuch: über
Land. Rechtzeitig abgebrochen, als der Plan durch-
sickerte. Zweiter Fluchtversuch: zur See. Rodrigo
de Cervantes hatte eine bewaffnete Fregatte entsandt,
um seinen Bruder mit fünfzehn weiteren Gefangenen
freizukämpfen. Das Schiff wurde aufgebracht. Miguel de Cervantes übernahm die Verantwortung allein.
Ihm drohte die Hinrichtung, die zu Kerkerhaft gewandelt wurde. Ein Mitwisser aber wurde an einem

Fuß aufgehängt, bis er starb. Dritter Fluchtversuch: gleichfalls gescheitert. Ein Bote war abgefangen und gepfählt worden. Miguel de Cervantes wurde zu tödlichen Stockhieben verurteilt. Wieder wurde die Strafe aufgehoben. Vierter Fluchtversuch: ein Massenausbruch mit einem Schiff. Wieder flog Cervantes auf, wieder stellte er sich als alleiniger Verantwortlicher.

Die unerschrockene Tapferkeit hatte ihm die Achtung seines Herrn erworben, der ihm wohl deshalb die Strafen erlassen hatte. Erst 1580 wurde auch er freigekauft. Im letzten Augenblick, denn Cervantes war bereits als Galeerensklave auf die Ruderbank gekettet worden, von der keiner entkam. Rudern bis zum Tod. Das Geld für seine Befreiung hatte ein mildtätiger Orden aufgebracht, die Trinitarier, die sich dem Loskauf christlicher Sklaven verschrieben hatten. Cervantes in *Don Quijote*: »Auf Erden gibt es nach meinem Dafürhalten kein Glück, das dem gleichkommt, die verlorene Freiheit wieder zu gewinnen.«

Doch was mit der Freiheit anfangen? Einen zerschossenen Krüppel brauchten die Soldaten nicht, und für ein Amt am Hof sah Cervantes sich nicht geeignet. »Ich tauge nicht für den Hofdienst, denn ich weiß um Scham und kann nicht schmeicheln.« Scharen von »Lepanto-Veteranen« oder »Algerien-Sklaven« erbettelten sich ein Unterkommen. Nicht Cervantes. Vergeblich versuchte er, einen Posten in der eben erst eroberten neuen Welt Südamerikas zu ergattern, doch weil er nur verschlossene Türen vorfand, besann er sich auf eine alte Leidenschaft. »Schon als Bub war ich für das Theater begeistert und in meinen Jünglingsjahren war ich hinter der Welt der Schauspieler her.« So auch jetzt. Er verlegte sich auf das Schreiben für die Bühne. Mit gutem Erfolg. »Alle Komödien wurden gespielt, ohne dass man ihnen mit Wurfgeschossen begegnet wäre: sie machten ihren Weg ohne Pfeifen, Geschrei und Krawall.«

Doch dann abermals eine Wende in seinem Leben. Kurz vor der Heirat mit seiner Frau bekam seine Geliebte ein Kind, und Cervantes gab das Schreiben wieder auf. »Hatte anderes zu tun, ließ die Feder und die Komödien.« Zwanzig Jahre lang wird Miguel de Cervantes Saavedra kein Buch mehr veröffentlichen. Stattdessen kaufte er als »königlicher Kommissar« Getreide und Öl für die spanische Flotte auf. Die Bauern aber dachten nicht daran, zu den niedrigen Staatspreisen zu verkaufen. Cervantes ging daher mit Härte gegen sie vor. Als er Kirchengüter ebenso auspresste, wurde er zweimal exkommuniziert, aus der Kirche verbannt, die schlimmste aller Kirchenstrafen für Gläubige, denn sie überantwortet die Seele der Hölle. Die Strafe wurde aufgehoben, die nächste aber folgte auf dem Fuß. Cervantes, der auch zum Steuereintreiber geworden war, wurde vorgeworfen, er habe Steuergelder unterschlagen. Wieder Gefängnis. Fast ein Glück, denn Aufkäufer und Steuereinnehmer, die unter der Hand Geld einstrichen, wurden gewöhnlich gehängt. Und: Das halbe Jahr in der Haft hatte Cervantes genutzt. Er entwarf *Der sinnreiche Junker*

Don Quijote von der Mancha. Schreiben wurde seine Flucht, die aus den Mauern hinaus in eine abenteuerliche Welt führte. »Die Feder ist die Sprache der Seele.«

Nach seiner Entlassung schrieb Cervantes noch Jahre an der Geschichte, doch als das Buch 1605 ausgeliefert wurde, hatte er einen wahren Schlager auf dem Markt. Der Junker Don Quijote und sein Klepper Rosinante, der Knappe Sancho Pansa mit seinem Esel, die eingebildete Liebe des Junkers zu Dulcinea von Toboso, der zum geflügelten Wort gewordene Kampf gegen die Windmühlen waren in aller Munde. »Die Kinder blättern darin, die Jünglinge lesen ihn, die Alten loben ihn.« Erfolgsbeleg: Schon bald nach Erscheinen wurden die ersten *Quijote*-Bücher in die spanischen Länder Südamerikas verschifft. »Mich dünkt, daß es weder eine Nation noch eine Sprache geben wird, in die er nicht übersetzt wird.« Richtig. Und das bereits kurz nach Erscheinen, was seinerzeit selten war. Raubdrucker machten sich über das Buch her und Nachahmer schrieben Fortsetzungen. Das eine auf Kosten, das andere zum Ärger des Schriftstellers, dessen Rechte damals nicht geschützt waren.

Und so machte sich Cervantes an den zweiten Teil des *Don Quijote*, den er 1615 fertig hatte. Als ob er ihn im Wettlauf gegen den Tod geschrieben hätte, starb Cervantes am 23. April 1616, heute Welttag des Buches. Noch vor seinem Tod war er dem Orden der Franziskaner beigetreten. In ihrer Kutte wurde er beigesetzt, sein heute verschollenes Grab aber lag im

Kloster der Trinitarier zu Madrid, denen er einst seinen Loskauf aus der Sklaverei verdankte. Die abenteuerliche Lebensfahrt des Miguel de Cervantes Saavedra war zu Ende, die Abenteuer seines fahrenden Ritters Don Quijote aber leben fort.

Umriss der Geschichte: Ein kleiner spanischer Landadliger in der Mancha, einer Gegend inmitten Spaniens, hat alle seine Ritterromane mit den vielen Riesen, Zauberern, Zwergen, schönen Fräulein so verschlungen, dass er sie samt und sonders für wahr hält. »Zuletzt, da es mit seinem Verstand völlig zu Ende gegangen, verfiel er auf den seltsamsten Gedanken, auf den jemals in der Welt ein Narr verfallen; nämlich es deuchte ihm angemessen und notwendig, sowohl zur Mehrung seiner Ehre als auch zum Dienste des Gemeinwesens, sich zum fahrenden Ritter zu machen.« Don Quijote de la Mancha liest jahraus, jahrein die Ritterbücher, bis er überschnappt. »Vom vielen Lesen trocknete ihm das Hirn so aus, daß er zuletzt den Verstand verlor.«

Um sich todesmutig in Abenteuer und Gefahr zu stürzen, das Unrecht zu bekämpfen, sich ewigen Ruhm zu sichern, putzt er die Reste einer rostzerfressenen Rüstung, baut sich einen Helm zurecht, schnappt sich eine alte Lanze. Fehlt noch ein klingender Name: Er nennt sich Don Quijote von der Mancha. Fehlt noch ein hehres Fräulein, für dessen Ehre er streitet: ein pummeliges Dorfmädel, in das er dereinst verliebt war, wird ihm zur schönen Dulcinea von Toboso. »Mein Lebtag habe ich die unvergleich-

liche Dulcinea nicht gesehen.« Fehlt noch ein Streit-
ross: Seinen alten Gaul tauft er Rosinante. Ross und
Rüstung, Fräulein und Name: Fertig ist der Ritter.

Er zieht los, um seine Abenteuer zu bestehen. Er
kämpft gegen Windmühlen, die er für Riesen hält, er
greift eine staubumwölkte Hammelherde an, die
in seiner Einbildung ein feindliches Heer ist, er
jagt einem Barbier sein Rasierbecken ab, das ihm als
Helm dient, er besteht einen blutigen Kampf gegen
Rotweinschläuche. Am Ende seiner tapferen Schlachten aber stehen zumeist Prügel, die ihm beträchtlich
zugemessen werden. Nicht alle dulden seine Narre-
teien, und um ihn vor sich selbst zu schützen, über-
listet ihn der Dorfpfarrer, der ihn in einem Käfig auf
einem Ochsenkarren in sein Dorf zurückbringt. Ende
Teil eins.

Teil zwei. Abermals zieht Don Quijote mit seinem Knappen Sancho Pansa los. Lang und dürr und
ausgezehrt, der Ritter von der traurigen Gestalt. Klein
und dick und bauernschlau sein Knappe. Das Blatt
für Don Quijote aber hat sich gewendet. Wurde er
sonst übel zerbleut, so wird er nun oft wohlwollend
aufgenommen, denn seit seine Abenteuer als Buch
erschienen sind, ist der seltsame Ritter überaus bekannt. Und er hat Glück. Als er einen Tierwärter
zwingt, einen Löwenkäfig zu öffnen, damit er gegen
die wilden Bestien antreten kann, reckt ihm der Löwe
nur gelangweilt den Hintern entgegen. Abenteuer
bestanden. Don Quijote legt sich den Ehrennamen
»Ritter von den Löwen« zu.

Nur eines fehlt ihm noch: ein Turnier, in dem er für seine Dame reitet. Auf nach Saragossa. Daraus wird zwar nichts, doch er begegnet einem Herzog, der das Buch über ihn begeistert gelesen hat. Er lädt den Ritter zu sich, gaukelt ihm wochenlang seine Ritterwelt vor, um sich an seinen Streichen zu belustigen. Der Wunsch des Don Quijote nach einem Kampf wird dennoch erfüllt. Nachdem er den Hof des Herzogs verlassen hat, zieht er seiner Wege, um auf einen geheimnisvollen »Ritter vom silbernen Mond« zu treffen. Der fordert ihn zum Waffengang heraus. Bedingung: Sollte er Don Quijote besiegen, werde diesem die ritterliche Ehrenpflicht auferlegt, in sein Dorf zurückzukehren. Der unbekannte Ritter gehört zum Dorfpfarrer, der abermals auf sein Schäfchen achtet. Don Quijote verliert und kehrt zurück. Und so ist das letzte Kapitel im Leben des Ritters aus der Mancha aufgeschlagen: »Wie Don Quijote krank wurde, sein Testament machte und starb.«

»Ich hatte keinen anderen Wunsch, als die verlogenen und unsinnigen Geschichten der Ritterromane zum Abscheu der Menschen werden zu lassen.« Miguel de Cervantes Saavedra vertrieb die Ritter aus der Buchlandschaft, als er mit seinem *Don Quijote* all die Rittergeschichten als Schund brandmarkte, die jahrhundertelang mit immer noch tolldreisteren Abenteuern aufgewartet hatten, in denen die Drachen immer feuriger, die Riesen immer riesiger wurden, bis sie zum reinen Plunder verkamen. Leichtes Spiel für Cervantes, die Ritterbücher zu veralbern.

Und doch wurde so viel mehr aus seinem *Don Quijote*, denn unter der Humorschale des Buches steckt noch immer derselbe Kern: Die Welt hält dich für verrückt? Na und. Vor gut vierhundert Jahren herausgekommen, hat das Buch nichts an Witz und Verstand, an Sinn und Notwendigkeit verloren. Tapfer und aufrecht für die Gerechtigkeit zu streiten, Mut im Angesicht seiner Feinde zu zeigen, stets die eigene Wahrheit zu sprechen, jene zu schützen, die sich nicht selbst schützen können, gleich um welchen Preis – die Ritterlichkeit des Junkers war damals verrückt, und sie ist es noch immer. Leider. Cervantes: »Derjenige, der Wohlstand verliert, verliert viel, derjenige, der einen Freund verliert, verliert mehr, doch derjenige, der seinen Mut verliert, verliert alles.« Nicht den Mut verlieren – vielleicht macht das *Don Quijote* zum besten Buch der Welt, denn Don Quijote ist einer, der gegen Windmühlen kämpft, aber eben auch einer, der nicht aufgeben will, gleichwohl die meisten seiner Abenteuer für ihn mit jämmerlichen Prügeln enden.

Don Quijote, das beste Buch der Welt? Schon möglich. In jedem Fall aber das letzte dieses Buches, schließlich lautet das unumstößliche Gesetz: Aufhören, wenn's am schönsten ist. Gut, zugegeben, das ist eine Ausrede, weil nach all der Schreibzeit die Lesezeit harrt. Weg vom Schreibtisch und ab in den Lesesessel, denn sie warten schon: Albert Camus *Die Pest*, Marie-Henri Beyle, genannt Stendhal, *Die Kartause von Parma* und *Rot und Schwarz*, Giuseppe

Tomasi di Lampedusa *Der Leopard*, Dante Alighieri *Die Göttliche Komödie*, Jean de la Fontaine *Fabeln*, Laurence Sterne *Tristram Shandy*, Marco Polo *Il Milione*, Honoré de Balzac *Tolldreiste Geschichten* und *Eugénie Grandet*. Oder doch lieber *Lady Chatterleys Liebhaber*, *Der Fänger im Roggen*, *Der große Gatsby*, *Hundert Jahre Einsamkeit*, *Gargantua und Pantagruel* …

AUTOREN- UND WERKREGISTER

PETER BRAUN hat mehrere Bücher zu literarischen Themen veröffentlicht, darunter *Dichterhäuser, E. T. A. Hoffmann. Dichter, Zeichner, Musiker* sowie das Theaterstück *Schiller, Tod und Teufel*. Bei Bloomsbury K & J erschienen von ihm *Von Taugenichts bis Steppenwolf* (2006), *Der Fluch des Goldes* (2008) und *Von Blechtrommeln und Nestbeschmutzern* (2009). Er lebt in Bamberg.

JENS RASSMUS, geboren 1967, studierte Illustration in Hamburg und Schottland. Seit 1996 illustriert und schreibt er Bücher. Er hat zwei Kinder und lebt mit seiner Familie in Kiel.

Peter Braun

VON TAUGENICHTS BIS STEPPENWOLF
Eine etwas andere Literaturgeschichte

Warum täuschte Lessing bei der Premiere von »Emilia Galotti« Zahnweh vor? Und wie wurde aus dem Schulversager Hermann Hesse der hochgeachtete Nobelpreisträger? Peter Braun erzählt in *Von Taugenichts bis Steppenwolf* von ebenso tragischen wie komischen Episoden aus dem Dichteralltag und eröffnet damit auf unterhaltsame Weise den Zugang zu den bedeutendsten Werken der deutschsprachigen Literatur.

»Extrem erhellend.«
Luchs-Jury der *ZEIT*

Bloomsbury
Kinderbücher & Jugendbücher

Peter Braun

VON BLECHTROMMELN UND NESTBESCHMUTZERN

Deutsche Literaturgeschichte(n) nach 1945

Warum fuhr Thomas Bernhard im Kuhstall mit dem Rad im Kreis herum? Weshalb durchsuchte die Polizei Heinrich Bölls Haus? Wieso wurde Günter Wallraff verhaftet? Mit großer Souveränität verknüpft Peter Braun spannende, tragische und komische Episoden aus dem Leben der Schriftsteller mit der deutschen Nachkriegsgeschichte und ihrer Literatur. Eine fesselnde Reise durch die Welt unserer Bücher zwischen Zweitem Weltkrieg und Mauerfall.

»Kurzweilig und unterhaltsam, dabei informativ und prägnant stellt Peter Braun Autoren und ihre Werke in den Zusammenhang. Ein wahrer literaturhistorischer Krimi. Beste Werbung fürs Lesen.«
Eselsohr

Bloomsbury
Kinderbücher & Jugendbücher